Susanne Bochem

# MAMA
# BABY
# NÄH
# BUCH

EDITION FISCHER

# INHALTSVERZEICHNIS

# VORWORT

Fast alle Frauen entwickeln während der Schwangerschaft das Bedürfnis, ihr Zuhause für das Baby hübsch herzurichten und angenehm zu machen. Alles soll den neuen Erdenbürger willkommen heißen. Eine niedliche Ausstattung gehört natürlich dazu – und individuell soll sie sein!

Werdende und frischgebackene Mamas verbringen wieder mehr Zeit zu Hause und entdecken vielleicht die verstaubte Nähmaschine in der Ecke wieder. Oder sie haben einfach Lust auf kreative Betätigung und möchten etwas mit ihren Händen machen. Als mein Sohn Filip geboren wurde, zog es auch mich und meine Kreativität wieder hin zu weichen Materialien. Vielleicht haben Sie Ähnliches auch an sich bemerkt?

Gerade für einen kleinen Jungen hübsche Sachen zu finden, war nicht immer leicht – deswegen fing ich an, selbst welche zu nähen. Und es machte mir riesigen Spaß! Stoffe auszusuchen und zu kombinieren, Projekte zu entwickeln und meine Ideen zu verwirklichen, bildete den perfekten Ausgleich zum Leben mit dem neuen Baby.

Mit diesem Buch möchte ich Ihnen etwas von meiner Nähfreude weitergeben und Sie anregen, die Projekte zu entdecken und nach Ihrem Geschmack zu individualisieren. Sie können zuerst ganz einfache Projekte, etwa die Fingerpuppen aus Filz oder das Badetuch mit Kapuze, probieren oder, wenn Sie etwas mehr Erfahrung haben, kompliziertere Projekte erweitern und untereinander kombinieren.

Für ein Baby zu nähen ist ein Liebesdienst, der sich nicht nach Mühe anfühlt. Es ist eine kreative Widmung, in die Sie alles an zärtlichen Gefühlen stecken können, das sich beim Gedanken an das Baby entwickelt. Um das zu erfahren, muss man durchaus nicht die Mama sein. Auch Freunde und Verwandte nähen mit diesen Anleitungen süße Sachen fürs Baby. Und ein paar Kleinigkeiten für Mama, denn die soll bei all dem Trubel um das Neugeborene nicht vergessen werden!

Welche Nähprojekte Sie sich auch aussuchen: Haben Sie ganz viel Spaß und keine Angst, es verkehrt anzugehen. Sie können nichts falsch machen, wenn Sie es mit Liebe machen …

Viel Erfolg und Vergnügen

Ihre Susanne Bochem

Allem voran: Für die Anleitungen in diesem Buch müssen Sie kein Nähprofi sein. Die Anleitungen sind einfach gehalten, sodass sie auch von Ungeübten bewältigt werden können. Gewisse Grundlagen sollten Sie allerdings beherrschen. Sie sollten schon ein paar Mal mit der Nähmaschine genäht haben und die Grundfunktionen kennen. Üben Sie gerade und krumme Nähte, Rückstiche zum Vernähen der Fadenanfänge und Fadenenden, enge Kurven und Ecken (an deren Scheitelpunkt Sie die Nadel unten stehen lassen, um das Nähfüßchen zu heben und den Stoff drehen zu können).

Je mehr Erfahrung Sie haben, umso mehr können Sie ausprobieren und eigene Varianten einfließen lassen. Im letzten Kapitel bekommen Sie einige Anregungen, wie Sie die Projekte im Buch mit Leben füllen können. Probieren Sie aus, seien Sie mutig! Sie können nichts falsch machen!

## Ihre Grundausrüstung

Die folgenden Utensilien sollten Sie neben Ihrer Nähmaschine und einem Bügeleisen in Ihrem Nähkästchen griffbereit haben. Sie werden sie immer wieder brauchen.

- Stecknadeln
- Nähgarn
- Stoffschere
- Kleine Schere
- Maßband
- Stoffmarkierstift
- Papier, Lineal und Stift für Schnittmuster
- Nähnadeln
- Teller/Deckel/Gläser in verschiedenen Größen als Schablone für Rundungen
- Klebeband
- Stäbchen zum Wenden (Essstäbchen oder Modellierstäbchen)

## Weitere Materialien

*Rollschneider:* Ein Rollschneider mit Schneidematte ist sehr hilfreich, wenn Sie viele gerade Stücke zu schneiden haben. Sie können sich zur Not aber auch mit Lineal, Stift und Schere behelfen.

*Stylefix*® ist ebenfalls ein sehr guter Helfer. Es ist ein speziell für Textilien entwickeltes doppelseitiges Klebeband, mit dem Sie Stoffe und Webbänder vor dem Nähen fixieren können. Alternativ arbeitet man mit Stecknadeln.

Als *Stoffmarkierstift* verwende ich gerne hitzeempfindliche Tintenroller, die es im Schreibwarenhandel zu kaufen gibt. Sie lassen sich eigentlich mit dem Gummiradierer am Stiftende ausradieren, die Tinte verschwindet aber auch durch Bügeln (erscheint allerdings ab etwa -10°C wieder, das sollten Sie bedenken). Die Tinte ist auch auswaschbar. *Schneiderkreide* oder *Trickmarker*®, die nach einigen Stunden von selbst verschwinden, funktionieren natürlich auch zum Markieren. Testen Sie auf jeden Fall immer vorher an einem Stoffrest!

*KAM Snaps*® sind sehr strapazierfähige Druckknöpfe aus Kunststoff, die ich in einigen Projekten verwende. Sie werden ganz einfach mit einer speziellen Zange im Stoff befestigt und sind im Internet für kleines Geld zu kaufen. Alternativ können Sie auch herkömmliche Metalldruckknöpfe befestigen oder von Hand annähen.

Hübsche *Knöpfe, Kordeln* und *Besätze* sind das i-Tüpfelchen jedes Nähprojekts, und es macht viel Spaß, sich etwas Hübsches auszusuchen.

*Vliesofix*® ist eine sinnvolle Anschaffung, wenn Sie Stoffe applizieren möchten. Mit doppelseitigem Bügelvlies können Sie zwei Stoffteile dauerhaft aufeinanderbügeln.

Als *Stoffe* empfehle ich mitteldicke Baumwollwebstoffe, nicht zu dünn, aber auch nicht zu fest. Das Design ist natürlich Geschmackssache! Ich habe ganz bewusst keine konkreten Stoffmuster und Farben vorgegeben und möchte Sie ermutigen, Stoffe einfach auszuprobieren. Sie können sich anfangs von meiner Stoffauswahl leiten lassen oder von dem, was Ihr Stoffvorrat hergibt. Doch bald werden Sie ein Gespür und eigene Vorlieben und gewiss auch eine eigene Handschrift entwickeln. Im letzten Kapitel ist ausführlich erklärt, wie man eigene Patchworkstoffe zum Weiterverarbeiten herstellen kann. Grundsätzlich kann aber jedes Stoffteil eines Schnittmusters aus verschiedenen Stoffstücken zusammengesetzt sein! Wenn Sie Nähanfänger sind, empfehle ich Ihnen, erst einmal jedes Modell aus einem Stoff pro Schnittteil zu nähen. So machen Sie sich mit dem Schnitt vertraut und können beim zweiten Mal besser abschätzen, wo Sie ansetzen können. Verwenden Sie ausschließlich neue Stoffe aus dem Stoffladen oder suchen Sie auf Flohmärkten oder im Internet nach alten Stoffschätzen. Alt und Neu, bunt oder einfarbig kombiniert – erlaubt ist, was gefällt. Zum Ausprobieren eignet sich alte Bettwäsche. Neue Stoffe sollten Sie immer vorwaschen und bügeln, damit Sie bei der ersten Wäsche des fertigen Projekts keine Überraschungen erleben. Stoffe haben eine rechte Seite, das ist die „schöne" Seite des Stoffs. Meistens ist es die Seite, die bedruckt wurde. Die linke Seite ist die Rückseite des Stoffs, sie

In den Projekten erscheinen vereinzelt speziellere Materialien, Sie finden sie in der jeweiligen Materialübersicht.

ist meistens etwas blasser oder ganz ungemustert. Sind beide Seiten gleich, ist es egal, wie Sie sie vernähen.

Gerne verwende ich *Filz.* Er ist gut zu verarbeiten, er franst nicht aus und verzieht sich nicht oder nur sehr wenig beim Nähen. Figuren aus Filz müssen nicht gewendet werden, die Nähte und Nahtzugaben können sichtbar bleiben. Am schönsten ist Wollfilz aus reiner Wolle. Er nimmt Schmutz kaum an, ist aber nicht waschbar.

*Gummiband* und *Gummikordeln* gibt es inzwischen in verschiedenen Farben und Dicken, suchen Sie sich aus, was Ihnen gefällt und zum jeweiligen Projekt passt.

*Schrägband* ist ein diagonal zugeschnittener und in Falze gebügelter Stoffstreifen, mit dem Sie Kurven ganz leicht einfassen können. Auf Seite 99 finden Sie eine Anleitung, die Ihnen das Einfassen mit Schrägband erklärt. Es gibt es in unzähligen Unifarben, aber auch gemustert zu kaufen. Mithilfe eines Schrägbandformers (Bild) und etwas Geduld können Sie sich Ihr eigenes Schrägband herstellen. Zum Einfassen gerader Kanten muss das Band nicht diagonal geschnitten sein.

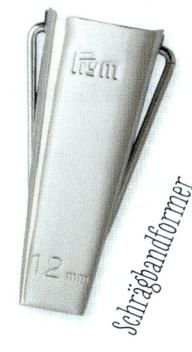

Schrägbandformer

Bei manchen Projekten empfehle ich die Verwendung einer *Vlieseinlage.* Dieses Material verstärkt den Stoff; es gibt es in verschiedenen Stärken und Festigkeiten, zum Aufbügeln oder Unterlegen. Sehr steife Einlagen verwendet man z. B. zur Verstärkung von Taschen, die die Form halten sollen. Man findet sie als „Schabrackeneinlage". Unter der Bezeichnung „H630" gibt es ein aufbügelbares Volumenvlies der Firma Freudenberg, das ich gerne verwende. Es liefert sowohl Volumen als auch Halt. Eine günstige Alternative, allerdings nicht aufbügelbar, sind Bodenwischtücher aus dem Supermarkt. Sie sind sogar in verschiedenen Farben zu erhalten.

Sie finden einige Projekte mit *Füllung* in diesem Buch. Grundsätzlich können Sie normale Bastelfüllwatte aus Kunstfaser verwenden. Es gehen natürlich auch Wolle und andere Fasern zum Füllen. Manche sind schwerer und fester, andere sehr locker und leicht. Achten Sie darauf, dass sie waschbar sind. Normale Baumwollwatte ist nicht geeignet. Auch Körner sind als Füllung geeignet, allerdings sind sie nur bedingt waschbar. Sie können jedoch ein zusätzliches Innenkissen nähen, sodass der abnehmbare Bezug getrennt waschbar ist. Für z. B. ein oft gebrauchtes Wärmekissen ist das sicher sinnvoll. Bei den Fühlsäckchen lohnt sich der Aufwand kaum, da sind die Nähte schneller wieder aufgetrennt, um die Füllung zu entnehmen – wenn eine Wäsche überhaupt jemals erforderlich werden sollte.

Es werden unzählige Kernsorten als Füllungen angeboten, manche sind grob und laut, andere klein und fließend, und auch in der Wärmespeicherung unterscheiden sie sich. Entscheiden Sie selbst, was Ihnen angenehm und wichtig ist. Wenn es nicht um Wärmespeicherung, sondern ums Fühlen geht, können Sie auch trockene Linsen, Bohnen oder Reis als Füllung verwenden.

Als weiteren Materialtipp möchte ich Ihnen *Bratschlauch* ans Herz legen, den es im Supermarkt zu kaufen gibt. Damit können Sie knisterndes Babyspielzeug herstellen. Er ist waschbar.

## Näh-Basics

Die Arbeitsschritte, die hier beschrieben werden, gehören zu den grundlegenden Techniken und Arbeitsgrundsätzen. Auffrischen kann jedenfalls nichts schaden!

Wie bei allem, womit Babys und Kleinkinder in Kontakt kommen, sollten Sie auf *Sicherheit* achten. Kordeln und Bändchen sollten nicht zu lang sein, um einem Strangulationsrisiko vorzubeugen, und auf verschluckbare Kleinteile sollte möglichst verzichtet werden. Überprüfen Sie, dass Füllmaterial nicht nach außen dringen kann. Knopfaugen bei Kuscheltieren sollten Sie lieber durch aufgemalte oder aufgestickte Augen ersetzen.

*Bügeln* Sie alle Zwischenschritte, das erleichtert Ihnen die Arbeit. Passen Sie beim Bügeln immer auf Webbänder und Gummibänder auf, sie könnten durch die Hitze schmelzen!

*Lesen* Sie immer die ganze Anleitung durch, bevor Sie loslegen! Bei manchen Anleitungen wird auf eine Erklärung an anderer Stelle im Buch verwiesen. Folgen Sie diesen Hinweisen, so wird vieles klarer und Sie erleichtern sich die Arbeit, wenn Sie schon wissen, was Sie erwartet.

Bei den meisten Anleitungen müssen Sie sich vorher einen *Schnitt* erstellen. Bei Projekten mit einfachen Formen können Sie sich Ihr Schnittmuster anhand der Vorlagen selbst erstellen, dafür übertragen Sie die Maße aus dem verkleinertem Zuschnittschema auf Papier. Bei anderen Formen kopieren Sie die Kopiervorlagen aus dem Anhang auf die erforderliche Größe und erstellen Sie die Schablonen. Die Angaben hierzu finden Sie jeweils zu Beginn der Anleitung.

Einige Modelle werden im *Stoffbruch* zugeschnitten. Das bedeutet, dass Sie den Stoff im Fadenlauf, also parallel zur Webkante, doppelt legen und dann das Schnittteil bündig an dieser Kante (= Stoffbruch) auflegen. Dadurch bekommen Sie ein symmetrisches Schnittteil. Sie können alternativ auch den Papierschnitt im Bruch zuschneiden und als ganze Form auf den Stoff auflegen. Das vereinfacht z. B. bei dickerem Frottee oder auch bei feinteiligem Patchwork die Arbeit.

Die *Nahtzugabe (NZ)* ist der Bereich zwischen Naht und Stoffkante. Bei den meisten Schnitten ist eine Nahtzugabe von 1 cm bereits enthalten, ansonsten ist es hier extra vermerkt. Die Nahtzugabe von 1 cm müssen Sie jedoch nicht extra anzeichnen, sofern Sie sich beim Nähen an der 1-cm-Markierung an Ihrer Nähmaschine orientieren und die Stoffkante entlang dieser Markierung führen. Bei den Modellen, bei denen Sie die Schablonenumrisse abzeichnen, wird auf dieser Linie genäht. Auch hier muss die Nahtzugabe also nicht exakt eingezeichnet werden. Bei Einfassungen mit Schrägband wird keine Nahtzugabe benötigt.

Bei den meisten Projekten habe ich auf das *Versäubern* der Nähte verzichtet. Wenn der Stoff nicht zu locker gewebt ist und die Nahtzugaben nicht zu knapp geschnitten wurden, ist das bei normal bis wenig beanspruchten Nähten nicht nötig. Zur Sicherheit können Sie die Nähte natürlich trotzdem versäubern. Dafür nähen Sie einfach nach dem Schließen einer Naht noch einmal an der Kante der Nahtzugabe mit einem mittleren Zickzackstich entlang.

Bei Nähstücken, die gewendet werden sollen, müssen Sie die *Ecken abschrägen.* Dabei wird der Stoff bis knapp an die Naht schräg zurückgeschnitten. An geformten Nähstücken müssen Sie außerdem die *Rundungen einschneiden,* damit das Teil keine Falten wirft und sich sauber in Form wenden lässt. Dafür schneiden Sie den Stoff in den Kurven senkrecht zur Nahtzugabe bis knapp vor die Naht ein. Verletzen Sie aber niemals die Naht!

Ein Nähstück, das rechts auf rechts genäht wurde, *wenden* Sie durch die Wendeöffnung, sodass die rechte Stoffseite danach außen liegt. Dadurch verschwinden alle Nähte im Inneren. Die Öffnung können Sie unsichtbar mit einem Matratzenstich oder einem zierlichen Überwendlingsstich schließen.

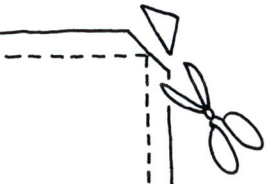

Ecken abschrägen

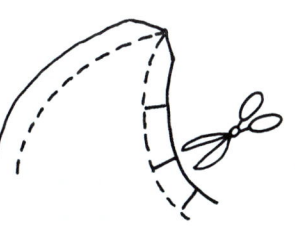

Rundungen einschneiden

## Wie Sie mit diesem Buch arbeiten

Projekte, die auf ähnlichen Schnitten aufbauen, sind zu Kapiteln zusammengefasst. So lernen Sie grundlegende Nähprinzipien, die Sie entweder entsprechend der Anleitungen befolgen und einüben können oder die Sie erweitern und variieren können. Vertrautes taucht immer wieder auf, vieles lässt sich kombinieren und regt Sie zu eigenen Nähideen an. Ab Seite 121 wird es künstlerisch – lassen Sie sich inspirieren.

# FAMILIENBÄNDER

Ganz einfach sind sie zu nähen, die vielfältigen Bänder dieses Kapitels
– weil man sie schnell fertig hat, kann man sich umso mehr Zeit
für das Aussuchen besonders hübscher Materialien nehmen. Und für
das Verzieren natürlich! Es gibt Projekte, bei denen etwas für Mama
entsteht und welche fürs Baby. Praktisch an diesem Kapitel ist, dass
sich Stoffreste wunderbar verarbeiten lassen.

breites Schrägband, 34 cm

Verzierung (Knopf, Häkelblume o. Ä.)

Webband, 34 cm (etwas schmaler als das Schrägband)

Karabiner (Breite passend zum Schrägband)

evtl. zusätzlich Ripsband oder Stoßband, 34 cm

# SCHLÜSSELANHÄNGER MIT KARABINER

Die bunten, einzigartigen Schlüsselanhänger sind ein willkommenes Geschenk für vergessliche Schwangere oder stilldemente Mütter, die gerne mal ihren Schlüssel verlegen – aber im Grunde natürlich auch für jeden anderen lieben Menschen. Und schnell genäht sind sie obendrein!

## So wirds gemacht

**1.** Sie brauchen ein Stück Schrägband und Webband zum Verzieren in je 34 cm Länge. Sie können auch zusätzlich noch ein Ripsband (oder Stoßband), das etwas breiter ist als das Webband, mit aufnähen.

**2.** Legen Sie die Bänder wie abgebildet aufeinander, Sie können sie auch zur Sicherheit mit Stylefix fixieren. Steppen Sie das Webband schmalkantig mit einem Geradstich ab.

**3.** Fädeln Sie den Ring des Karabiners auf und stecken Sie die Enden des Bands rechts auf rechts aufeinander.

**4.** Nähen Sie die Kanten zusammen und schneiden Sie die Nahtzugabe zurück.

**5.** Wenden Sie das Band und schieben Sie es so, dass die Naht etwa 3 cm vom Karabiner entfernt ist. Stecken Sie alles fest und nähen Sie an dieser Stelle ein Rechteck durch alle Stofflagen.

**6.** Verdecken Sie die Naht mit einem besonderen Knopf oder mit einer Häkelblume.

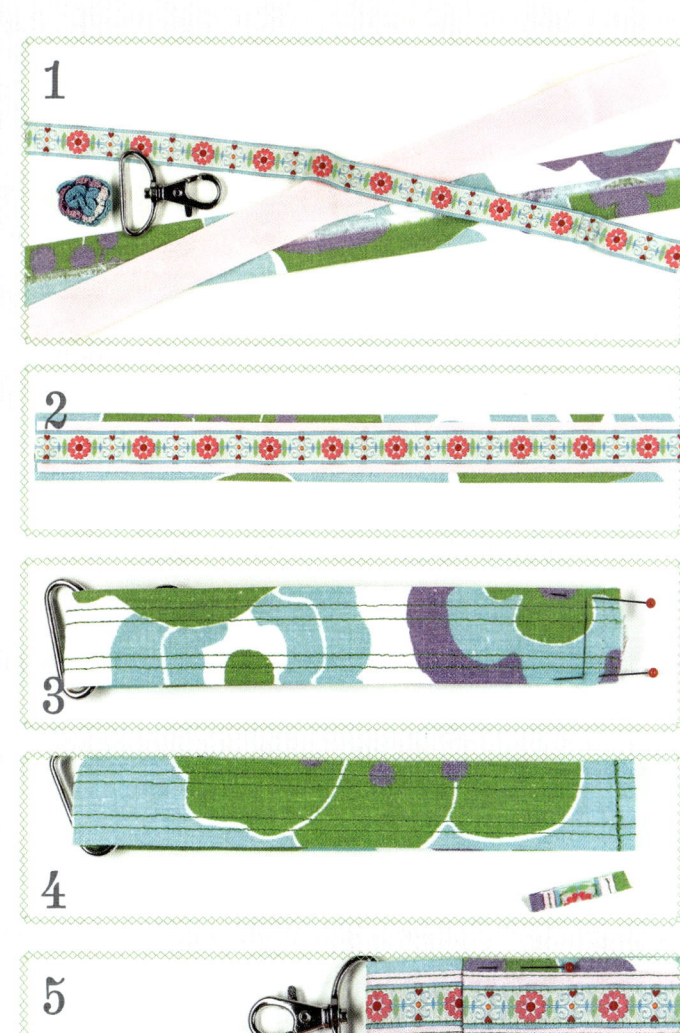

Webband, 30 cm

Stylefix

Filzstreifen, 30 cm,
in passender Breite

Kneifzange

evtl. zusätzlich 30 cm Schrägband

Schlüsselband-Rohling

# SCHLÜSSELANHÄNGER AUS FILZ

Noch einfacher und schneller als sein Vorgänger
ist der Schlüsselanhänger aus Filz genäht. Dafür
benötigen Sie einen Rohling (key fob)
für Schlüsselbänder.

## So wirds gemacht

**1.** Schneiden Sie einen Filzstreifen in der Breite des Rohlings zu, als Länge ist 30 cm ein gutes Maß. Kleben Sie ein Webband mit Stylefix mittig auf den Filz und steppen Sie es beidseitig knappkantig ab.

**2.** Falten Sie den Filz doppelt, nähen Sie die Enden zusammen, damit nichts verrutscht und stecken Sie die Klemme des Rohlings darüber, sodass die Seiten genau bündig sind. Legen Sie zum Schutz des Rohlings ein Stück Filz um die Klemmflächen der Zange. Drücken Sie nun die Klemme vorsichtig mit der Zange zusammen, am besten zuerst die Mitte und dann die Seiten.

### TIPP

Wenn Sie mehrere Schlüssel-anhänger herstellen möchten, lohnt es sich, einen Filzstreifen an den Klemmflächen der Zange festzukleben.

breites Schrägband

passendes Webband

KAM Snap mit Zange

Stylefix

# STILLARMBAND

Für Mütter, die stillen, ist so ein Armband eine gute Merkhilfe, welche Seite beim nächsten Mal dran ist. Mit dem Druckknopfverschluss ist es schnell gewechselt. Sie können mit dieser Anleitung natürlich auch einfach ein Armband als Schmuckstück nähen, für sich selbst oder für Groß oder Klein als Geschenk.

## So wirds gemacht

**1.** Messen Sie zuerst den Umfang Ihres Handgelenks, legen Sie dabei das Maßband locker an. Zum gemessenen Wert addieren Sie 8 cm, der so errechnete Wert ist die benötigte Schrägband- länge inklusive Nahtzugabe. Außer- dem benötigen Sie noch ein Webband, das etwa 3 cm länger ist als das Schräg- band.

**2.** Klappen Sie die Enden des Schräg- bands nach innen, indem Sie zuerst die Schrägbandfaltung öffnen, die Enden 1 cm weit umklappen und die Faltung wieder schließen. Bügeln Sie alles flach.

**3.** Kleben Sie einen Streifen Stylefix auf die Rückseite des Webbands. Am einfachsten lässt es sich verarbeiten, wenn der Klebestreifen auf beiden Seiten etwa 1,5 cm kürzer ist.

**4.** Kleben Sie nun das Webband mittig auf die offene Schrägbandseite.

**5.** Das überstehende Webband stecken Sie zwischen die Schrägbandlagen, bis es bündig abschließt. Stecken Sie es fest, damit nichts verrutscht.

**6.** Steppen Sie das Webband entlang aller Kanten knappkantig ab.

**7.** Testen (oder messen) Sie nochmals die Länge und bringen Sie passend ein KAM Snap an.

Webband, 22,5 cm

breites Schrägband, 22,5 cm

KAM Snap mit Zange

Anorakkordel, 15,5 cm

Schnullerclip

# SCHNULLERBAND

Jedes Kind, das schnullert, braucht natürlich
ein Schnullerband! Vor allem, wenn man
oft unterwegs ist. So kann der Schnuller
überall griffbereit festgeklammert werden
und muss in Notsituationen nicht lange
gesucht werden.

## So wirds gemacht

**1.** Kleben Sie einen kurzen Stylefix-streifen auf die rechte Stoffseite der Nahtzugabe des einen Schrägband-endes. Auf die Rückseite des Webbands kleben Sie ebenfalls einen Streifen Stylefix, wobei das Klebeband rechts und links je etwa 1,5 cm kürzer sein sollte als das Webband.

**2.** Öffnen Sie das Schrägband auf die gesamte Breite. Legen Sie die Kordel zur Schlaufe und kleben Sie sie am Schrägbandende fest. Die Kordelenden stehen etwa 1 cm über. Nähen Sie die Kordel mit ein paar Stichen auf der Nahtzugabe fest.

**3.** Bügeln Sie die Nahtzugabe der kurzen Schrägbandkanten um, die Kordelschlaufe liegt nun außen.

**4.** Bügeln Sie auch die langen Kanten wieder um. Stecken Sie ein Webband-ende in die kurze Schrägbandkante.

**5.** Kleben Sie das Webband auf die offene Schrägbandkante, das Ende stecken Sie wieder zwischen die Web-bandlagen.

**6.** Nähen Sie das Webband rundherum fest.

**7.** Befestigen Sie den Schnullerclip an der Kordelschlaufe und KAM Snaps am anderen Bandende. Der Abstand be-trägt 2,5 cm zur kurzen Kante und 5 cm zwischen den beiden Snaps. Mit die-sem Ende befestigen Sie den Schnuller-ring.

# ARMBAND MIT ZIERKNOPF

Transferaufgabe! Sie können auch ein breites Armband mit Knopf und Schlaufenverschluss nähen, indem Sie die Anleitungen fürs Stillarmband und fürs Schnullerband kombinieren.

Gummikordel, 11 cm

hübscher Knopf

Webband oder Borte

Stoffstreifen für selbst gemachtes Schrägband

**1**

Die Schlaufe befestigen Sie wie bei den anderen Bändern beschrieben, den Knopf nähen Sie nach der Anprobe für die passende Weite an.

## So wirds gemacht

**1.** Bügeln Sie sich für dieses Projekt einfach Ihr eigenes Schrägband. Es muss hierfür gar nicht im schrägen Fadenlauf zugeschnitten sein. Der Stoffstreifen sollte etwa 22,5 x 10 cm groß sein.

**2.** Die Schlaufe befestigen Sie, wie Sie es vom Schnullerband auf Seite 19 kennen. Sie können statt eines „normalen" Webbands auch eine andere schöne, breite Borte als Verzierung verwenden. Wo der Knopf hinkommt, messen Sie einfach an Ihrem Handgelenk ab.

## So wirds gemacht

**1.** Messen Sie ab, welche Länge Schrägband Sie für Ihren Kinderwagen brauchen. Berücksichtigen Sie dabei die
Schlaufen, die zur Länge der Kette
später hinzukommen.

**2.** Nach dem Einsetzen der Schlaufen
(siehe Seite 19) wird das Schrägband
längs gefaltet und knappkantig abge-
steppt.

**3.** Die Figuren werden von der Rückseite mit Handstichen befestigt.

# KINDERWAGENKETTE MIT FIGUREN

Wenn Sie die verschiedenen Anleitungen dieses
Kapitels aufmerksam gelesen und ausprobiert
haben, können Sie sich ans Improvisieren wagen.
Sie können z. B. eine Kinderwagenkette
aus schmalem Schrägband herstellen, an
dem Sie wattegefüllte Figuren befestigen.
Wie Sie solche Figuren herstellen,
erfahren Sie im nächsten Kapitel.

Wie auf Seite 19
„Schnullerband"
werden die Schlaufen
eingesetzt, hier sind
es zwei!

Schrägband

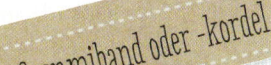

Gummiband oder -kordel

2 Schnullerclips

# Tierische Liebe

Babys wollen die Welt entdecken und die beginnt in ihrer Hand ...
umso interessanter, wenn das, was ihnen gereicht wird, eine
Struktur hat oder Geräusche macht. Mit den Tierschablonen aus dem
Anhang können Sie Hunde, Katzen und Mäuse in verschiedensten
Materialien und mit unterschiedlichen Füllungen nähen, die das Baby
dann nach und nach entdecken und be-greifen kann.
Die Tiere laden zum Spielen ein, zum Streicheln,
Anschmiegen und Liebhaben – bestimmt
schließen Sie sie bald ins Herz.

Schablone „Katze" und „Maus" 100 %

passende Wollfilzreste

Stoffmarkierstift

Rest Anorakkordel

# FINGERPUPPEN AUS FILZ

Von der linken zur rechten Seite und in rasantem Tempo wieder zurück. So jagen sich Filzkatze und Filzmaus, flitzen hin und her, sodass es fürs Baby immer was zu gucken gibt. Ob Katze und Maus ein entspanntes oder aufgeregtes Gesicht bekommen, entscheiden Sie.

## So wirds gemacht

**1.** Legen Sie die Filzstücke aufeinander und markieren Sie die Umrisse der Figuren mithilfe der Schablonen.

**2.** Stecken Sie die beiden Lagen aufeinander und legen Sie jeweils ein Stück Kordel als Schwanz zwischen die Filzlagen.

**3.** Nähen Sie die Umrisse der Figuren mit einem mittleren Geradstich, lassen Sie dabei die untere Kante offen. Schneiden Sie die Figuren mit etwa 3 mm Nahtzugabe aus, passen Sie dabei auf, dass Sie die Kordeln der Schwänze nicht durchschneiden.

**4.** Malen oder sticken Sie die Gesichter auf.

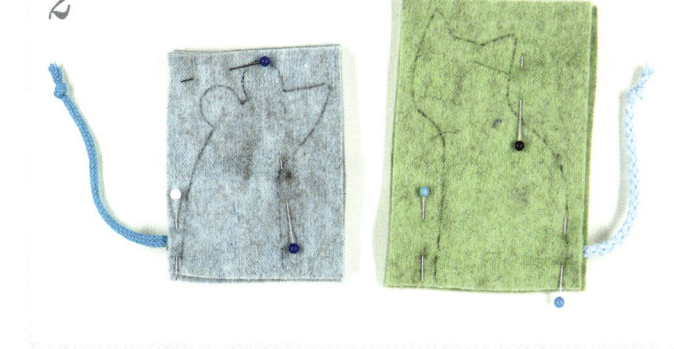

**TIPP**

Für etwas größere Kinder, die nicht mehr alles in den Mund stecken, können Sie auch Knöpfe als Augen annähen.

Bratschlauch

passende Stoffreste

Rest Anorakkordel

Schablone „Maus" 200 %

# KNISTERMAUS

Da raschelt doch etwas! Und man kann, wenn man ganz aufmerksam lauscht, kleine Trippelschritte hören. Die Knistermaus verrät sich durch spannende Geräusche, die beim Anfassen entstehen.

## So wirds gemacht

**1.** Legen Sie zwei Stoffteile rechts auf rechts aufeinander und markieren Sie die Umrisse der Maus mithilfe der Schablone. Platzieren Sie ein Stück Kordel als Schwanz zwischen den Stofflagen, etwa 1 cm oberhalb der unteren Kante, das Ende der Kordel zeigt zur Nahtzugabe. Sie können das Ende mit einem Stückchen Stylefix oder mit einer Stecknadel fixieren, damit es nicht verrutscht.

**2.** Legen Sie ein paar Lagen Bratschlauch übereinander auf die Stoffstücke. Überprüfen Sie nochmals, dass die Kordel innerhalb der Umrissmarkierung liegt, damit sie beim Nähen nicht mitgefasst wird, und stecken Sie alles aufeinander. Nähen Sie die Umrisse der Form, lassen Sie dabei eine Wendeöffnung. Schneiden Sie die Nahtzugaben auf 3–5 mm zurück, schrägen Sie die Ecken ab und schneiden Sie die Dehnungsschnitte an den Innenkurven und -ecken ein.

**3.** Wenden Sie die Figur, schließen Sie die Wendeöffnung von Hand und malen (oder sticken) Sie das Auge auf. Machen Sie einen Knoten ins Ende der Kordel.

Knistermaus ♥ 27

Schablone „Katze" 200 %

Rest Anorakkordel oder Bändchen

passende Stoffreste

Körner zum Füllen

# KATZE MIT KÖRNERFÜLLUNG

Die Körnerfüllung der Katze verleiht ihr die Fähigkeit zu sitzen. Und das macht sie dann auch ausgiebig und genießt die Sonne. Oder ihr Plätzchen auf der Couch. Wenn es ihr gut geht, schnurrt sie nicht, sie raschelt leise.

## So wirds gemacht

**1.** Legen Sie zwei Stoffteile rechts auf rechts aufeinander und markieren Sie die Umrisse der Katze mithilfe der Schablone.

**2.** Platzieren Sie ein Stück Kordel oder ein doppelt gelegtes Bändchen als Schwanz zwischen die Stofflagen, etwa 1 cm oberhalb der unteren Kante. Das Ende der Kordel zeigt zur Nahtzugabe. Sie können das Ende mit einem Stückchen Stylefix oder einer Stecknadel fixieren, damit es nicht verrutscht.

**3.** Überprüfen Sie nochmals, dass der Schwanz innerhalb der Umrissmarkierung liegt, damit er nicht mitgefasst wird und stecken Sie alles aufeinander.

**4.** Nähen Sie die Umrisse der Form, lassen Sie dabei eine Wendeöffnung. Schneiden Sie die Nahtzugaben auf 3–5 mm zurück, schrägen Sie die Ecken ab und schneiden Sie die Dehnungsschnitte an den Innenkurven und -ecken ein.

**5.** Wenden Sie die Figur und malen (oder sticken) Sie das Gesicht auf.

**6.** Füllen Sie das Tier locker mit Körnern (Füllwatte geht natürlich auch) und schließen Sie die Wendeöffnung von Hand. Wählen Sie dabei besonders kleine Stiche, damit die Körnchen nicht herausfallen und verschluckt werden können.

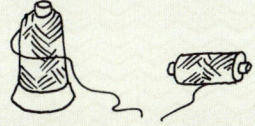

1

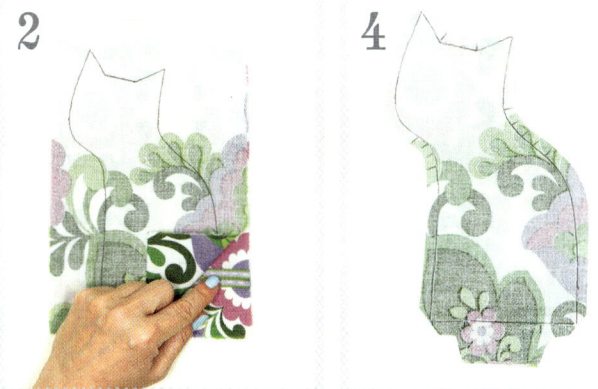

2          4

zum Tuch passende Stoffreste

gesäumtes Tuch oder Stoff-
serviette, ca. 50 x 50 cm

Schablone „Katze" und
„Maus" 100 %

# SCHNUFFELTUCH
## „KATZ UND MAUS"

Als Schnuffeltücher verwende ich am liebsten fertig
gesäumte Stoffservietten oder Stofftaschentücher,
die ich auf Flohmärkten aufstöbere.
Sie können das Tuch natürlich
auch selbst zuschneiden
und säumen.

## So wirds gemacht

**1.** Legen Sie die Stoffteile für die Figuren rechts auf rechts aufeinander und markieren Sie die Umrisse mithilfe der Schablonen. Stecken Sie jeweils die beiden Stoffe aufeinander und nähen Sie einmal die Umrisse mit engem Geradstich. Lassen Sie dabei die gesamte untere Kante der Figuren offen.

**2.** Schneiden Sie die Nahtzugaben auf 3–5 mm zurück und schneiden Sie sie in den Innenkurven und -ecken bis knapp vor die Naht ein.

**3.** Wenden Sie die Figuren, klappen Sie an der Unterkante die Nahtzugabe nach innen und bügeln Sie einmal darüber. Malen oder sticken Sie das Gesicht auf.

**4.** Füllen Sie die Figuren mit Watte. Stecken Sie jeweils eine Ecke des Tuchs in die Figur. Schließen Sie die Wendeöffnung von Hand und fassen Sie dabei gleichzeitig das Tuch mit.

### TIPP

Sie können die beiden Figuren auch an zwei gegenüberliegenden Ecken eines Tuchs befestigen, dann kann sich das ältere Kind kleine Rollenspiele und Zwiegespräche zwischen beiden Tieren ausdenken.

Stoff für Hinterteil, 25 x 25 cm

Stoff für Vorderteil, 25 x 30 cm

Stoff für Rückseite, 30 x 65 cm

Schablone „Langer Hund"

Stoff für Bauch, 15 x 21 cm

evtl. etwas Borte als Halsband

Dinkelspelz als Füllung, alternativ Styropor- oder Mikrokügelchen

# RAUSFALLSTOPP „LANGER HUND"

Sie können diesen Hund in kleinerer Version als Spieltier nähen oder in groß als Rausfallstopp oder Bettverkleinerung fürs Babybett. Mit einer Füllung aus Dinkelspelz erhält er die nötige Schwere, um nicht wegzurutschen, ist aber immer noch leicht genug, um damit spielen zu können.

## So wirds gemacht

**1.** Vergrößern Sie die Vorlage auf die gewünschte Größe. 100 % passt gut als Spieltier, als Rausfallstopp sollten Sie den Hund auf 200 % vergrößern, dann benötigen Sie entsprechend mehr Stoff. Sie benötigen drei Teile: Vorderteil, Hinterteil und Bauch. Vorderteil und Bauch kleben Sie aus 2 Teilen aneinander, achten Sie dabei auf die Buchstabenmarkierungen auf den Vorlagen.

**2.** Legen Sie die Schablonenteile auf die linken Seiten der entsprechenden Stoffteile und zeichnen Sie die Umrisse nach. Markieren Sie auch die Wendeöffnung am Bauch (etwa 10 cm). Schneiden Sie die Teile mit je 1 cm Nahtzugabe aus. Zwischen den Ohren und Beinen müssen Sie nicht ausschneiden, denn an diesen Stellen lässt es sich besser arbeiten, wenn der Stoff noch zusammenhängt.

**3.** Stecken Sie nun die Teile rechts auf rechts aufeinander.

## Weiter gehts

**4.** Nähen Sie die Teile zusammen und bügeln Sie die Nahtzugaben flach. Wenn Sie möchten, können Sie eine Borte über die vordere Naht steppen.

**5.** Legen Sie jetzt den Rückseitenstoff mit der rechten Stoffseite nach oben vor sich, darauf legen Sie das fertig zusammengenähte Vorderteil mit der rechten Stoffseite nach unten. Stecken Sie alles fest. Nähen Sie nun mit engem Geradstich auf der Markierungslinie, lassen Sie am Bauch die Wendeöffnung offen. Schneiden Sie die Nahtzugabe zurück und schneiden Sie die Innenkurven und -ecken bis kurz vor die Naht ein.

**6.** Wenden Sie den Hund durch die Wendeöffnung und malen oder sticken Sie ein Auge auf. Füllen Sie den Hund mit Dinkelspelz, Styropor- oder Mikrokügelchen und schließen Sie die Wendeöffnung von Hand mit engen Stichen.

# Noch mehr Greiflinge

Wenn Sie die Anleitungen in diesem Kapitel gelesen und ausprobiert haben, können Sie sie selbst ein wenig abändern. Sie können z. B. Greiflinge mit Rasseln, Quietschen oder Knisterfolie nähen. Das Zubehör dafür findet man in den meisten Hobbyläden oder im Internet. Sie müssen die Schablonen etwas anpassen, damit die Geräuschdöschen im Inneren der Figuren Platz haben. Damit man die Kanten der Dosen nicht störend fühlt, sollten Sie sie gut mit Watte umwickeln und die Stoffhülle entsprechend groß machen.

# MOBILES & GIRLANDEN

Ein Mobile gehört in jedes Kinderzimmer, aber auch in anderen
Räumen der Wohnung ist es ein toller Blickfang! Sie können Material
und Farben an die Einrichtung anpassen, ganz wild gemixt oder eher
schlicht, ganz wie Sie mögen. Nichts strahlt Lebensfreude aus wie
eine fröhlich bunte Girlande, denn Anlässe zu Feiern finden sich
auch im Alltag. Schmücken Sie das Babyzimmer mit
einer Girlande über der Wiege, um den neuen
Erdbewohner gebührend zu begrüßen!

Tapetenreste

Schrägband

# Tapetengirlande

Eine Girlande aus bunten Tapetenresten oder anderem Papier flattert lustig im Kinderzimmer – und auch überall sonst in der Wohnung. Mit Ihrer Papierauswahl können Sie die Girlande an jede Einrichtung anpassen. Wenn Sie die gleiche Tapete wie an Ihrer Wand verwenden, gibt es einen Tarnmuster-Effekt!

## So wirds gemacht

**1.** Alles, was Sie tun müssen, ist, verschieden große Rechtecke auszuschneiden und so lange hin und her zu schieben, bis Sie die schönste Komposition gefunden haben. Legen Sie alle Teile dann mit je etwa 1 cm Abstand auf den Boden.

**2.** Messen Sie die Länge der Girlande grob ab, zu dieser Länge brauchen Sie noch je etwa 70 cm zusätzlich auf beiden Seiten zum Aufhängen.

**3.** Falten Sie das Schrägband zusammen und stecken Sie die Papierfähnchen dazwischen fest.

**4.** Nähen Sie die Papierstücke fest, indem Sie mit einem langen Zickzackstich die gesamte offene Kante des Schrägbands schließen und jeweils die eingeschobenen Fähnchen mitfassen.

### TIPP

Sie können die Girlande natürlich auch aus Stoff nähen. Gerissene oder mit einer Zackenschere geschnittene Kanten sehen dabei sehr schön aus, Sie können sie aber auch mit einer Overlockmaschine in Kontrastfarbe versäubern. Ihrer Fantasie sind keine Grenzen gesetzt: schneiden Sie z. B. Dreiecke oder Halbkreise – auch Notenblätter oder vergilbte Buchseiten sehen hübsch aus.

Stoffreste

Schrägband

# WIMPELKETTE AUS STOFF

Eine Wimpelkette aus Stoff ist eine tolle Möglichkeit, Stoffreste zu verwerten. Sie können Vorder- und Rückseite aus verschieden gemusterten Stoffen nähen oder die Rückseite einfarbig halten. Mixen Sie Stoffe und Farben nach Lust, Laune und je nachdem, was Ihre Stoffsammlung hergibt.

## So wirds gemacht

**1.** Zuerst erstellen Sie eine Schablone. Das geht sehr einfach aus einem Blatt in DIN-A4-Größe. Falten Sie das Blatt diagonal im 45°-Winkel. Messen Sie die Länge der kurzen Seite (bei DIN A4 sind das 21 cm) und übertragen Sie dieses Maß auf die diagonale Kante. Verbinden Sie nun diesen Punkt mit der Ecke, in welche Sie die Papierecke gefaltet haben, und schneiden Sie an dieser Linie und entlang des Falzes. Sie erhalten zwei Dreiecke. Die Nahtzugabe ist in den Schablonen bereits enthalten.

**2.** Schneiden Sie beliebig viele Dreiecke zu, für jeden Wimpel brauchen Sie eine Vorder- und eine Rückseite.

**3.** Legen Sie immer zwei Stoffstücke rechts auf rechts aufeinander, stecken Sie sie fest und nähen Sie entlang der langen Kanten mit 1 cm Nahtzugabe. Schrägen Sie die Ecken ab und wenden Sie die Wimpel. Bügeln Sie die Kanten flach.

**4.** Jetzt wählen Sie die Reihenfolge für die Wimpel aus. Legen Sie sie probehalber in einer langen Reihe auf den Boden, lassen Sie jeweils etwa 1 cm Abstand zwischen den einzelnen Wimpeln. Messen Sie die Länge ab. Vom Schrägband brauchen Sie zusätzlich zur gemessenen Länge noch etwa 70 cm auf jeder Seite für die Aufhängung. Falten Sie das Schrägband und schieben Sie die Wimpel in den Falz. Stecken Sie alle Wimpel fest und nähen Sie entlang der kompletten Webbandkante mit einem mittleren Zickzackstich.

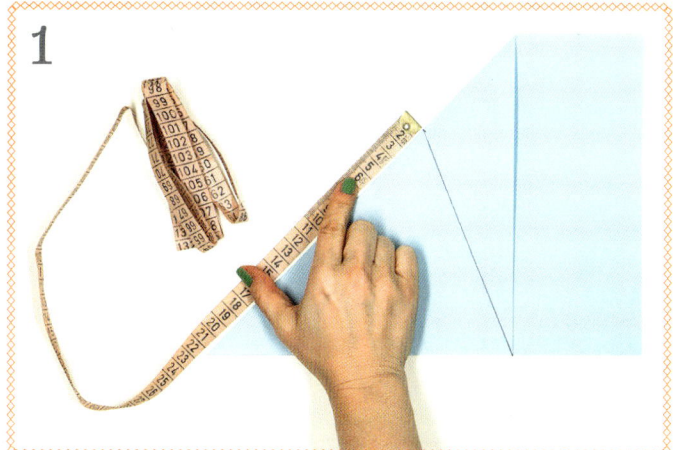

dickere Vlieseinlage,
z. B. Bodenwischtücher

passende Stoffreste

Schablone „Wolke" 100 %,
„Mond" und „Stern" 100 %

festes Garn zum Aufhängen

# MOBILE „STERNENHIMMEL"

Ein einfach genähtes Projekt, das Ihre Wohnung im Handumdrehen verzaubert. Diese Figuren werden nicht gewendet
und sind daher sehr schnell genäht. Um sie zu stabilisieren,
wird Wattevlies oder eine Lage Filz zwischen den
Stofflagen mitgefasst. Sehr gut eignen sich dafür auch
Putztücher aus Vlies, die meistens aus Naturfasern
hergestellt sind. Es sieht hübsch aus, wenn
eine passende Farbe an den
Kanten durchblitzt!

## So wirds gemacht

**1.** Legen Sie die Stoffe für die Figuren doppelt links auf links. Dazwischen legen Sie jeweils eine Lage Vlies.

**2.** Zeichnen Sie die Umrisse der Figuren auf, stecken Sie die Stofflagen fest und nähen Sie entlang der Umrisslinie mit einem mittleren Geradstich.

**3.** Schneiden Sie die Figuren entlang der Umrisse mit etwa 3–5 mm Nahtzugabe aus und befestigen Sie Mond und Stern mit dem Garn und ein paar Handstichen an der Wolke.

**4.** An der oberen Kante der Wolke wird das Garn zum Befestigen an der Decke durchgezogen.

1

2

4

### TiPP

Der Sichelmond, hier flankiert von nur einem Stern, freut sich natürlich auch über mehr Kollegen! Hängen Sie einfach mehrere Sterne untereinander! Wenn Sie die Wolke vergrößern möchten, sollten Sie eine besonders feste Einlage verwenden, damit sie stabil bleibt.

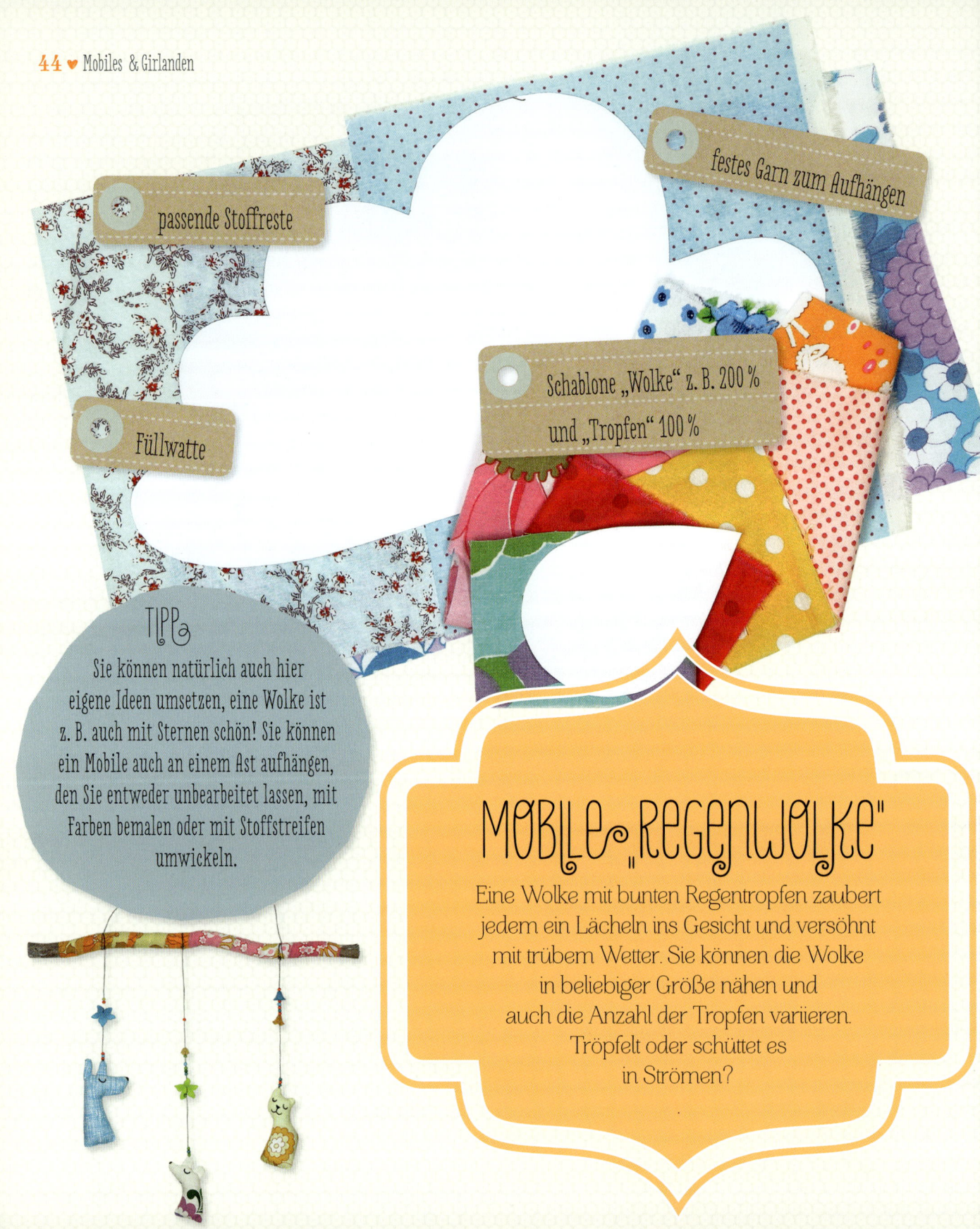

passende Stoffreste

festes Garn zum Aufhängen

Füllwatte

Schablone „Wolke" z. B. 200 %
und „Tropfen" 100 %

**TIPP**

Sie können natürlich auch hier
eigene Ideen umsetzen, eine Wolke ist
z. B. auch mit Sternen schön! Sie können
ein Mobile auch an einem Ast aufhängen,
den Sie entweder unbearbeitet lassen, mit
Farben bemalen oder mit Stoffstreifen
umwickeln.

# MOBILE „REGENWOLKE"

Eine Wolke mit bunten Regentropfen zaubert
jedem ein Lächeln ins Gesicht und versöhnt
mit trübem Wetter. Sie können die Wolke
in beliebiger Größe nähen und
auch die Anzahl der Tropfen variieren.
Tröpfelt oder schüttet es
in Strömen?

## So wirds gemacht

**1.** Kopieren Sie die Wolkenvorlage auf die gewünschte Größe und schneiden Sie sie aus. Fertigen Sie eine Schablone für die Regentropfen an.

**2.** Legen Sie den Stoff für die Wolke rechts auf rechts aufeinander und markieren Sie den Wolkenumriss mithilfe der Schablone. Zeichnen Sie eine Wendeöffnung von 10 cm an der unteren geraden Kante ein. Für die Tropfen legen Sie ebenfalls die bunten Stoffe rechts auf rechts und markieren die Umrisse sowie eine Wendeöffnung (etwa 3 cm in der Geraden). Stecken Sie beide Stofflagen fest und nähen Sie entlang der Konturen, lassen Sie dabei jeweils die Wendeöffnung offen. Schneiden Sie die Formen mit etwa 7 mm Abstand zur Naht aus und schneiden Sie die Außenecken zurück und die Innenecken ein.

**3.** Wenden Sie jede Form durch die Wendeöffnung. Füllen Sie die Wolke und die Tropfen mit einer leichten Füllwatte und schließen Sie die Wendeöffnungen von Hand. Legen Sie die Wolke auf den Fußboden und platzieren Sie die Tropfen in drei oder vier Reihen. Verbinden Sie alles mit festem Nähgarn und knoten Sie die Enden fest. Zur Sicherheit können Sie einen Tropfen klartrocknenden Leim auf die Knötchen geben.

# SÄCKCHEN & KISSEN

Weich und zum Knautschen, zum Wärmen und zum Abpolstern
harter Kanten, zum Befingern und Spielen, dafür sind sie da,
die Säckchen, Kissen und Polster dieses Kapitels. Auch ein ganz
besonderes Spiel- und Schnuffeltuch findet sich darunter,
dessen aufregende Zipfel und Label Ihr Baby brennend
interessieren werden.

Stoffreste

als Füllung z. B. Linsen

Zuschnittschema

4

5

4

inkl. Nz

13

# FÜHLSÄCKCHEN

Diese kleinen Fühlsäckchen sind vielseitig verwendbar. Als einzelnes Stück fühlt es sich einfach interessant an, und ein Baby kann sich lange damit beschäftigen, es werfen, befühlen, in der Hand wiegen.

## So wirds gemacht

**1.** Schneiden Sie zwei Stoffquadrate von je 13 x 13 cm aus.

**2.** Legen Sie die beiden Stoffquadrate rechts auf rechts aufeinander und markieren Sie die Nahtzugabe von 1 cm rundherum. Außerdem markieren Sie eine Wendeöffnung von 5 cm in der Mitte der linken Kante. Stecken Sie die beiden Stofflagen aufeinander.

**3.** Nähen Sie einmal rundherum, lassen Sie dabei die Wendeöffnung offen und schrägen Sie die Ecken ab.

**4.** Wenden Sie das Säckchen, bügeln Sie die Nahtzugabe der Wendeöffnung nach innen und füllen Sie das Säckchen mit Linsen, Bohnen oder anderem Füllmaterial.

**5.** Schließen Sie die Wendeöffnung von Hand. Benutzen Sie dabei einen engen Handstich, damit keine Teile der Füllung herausfallen können.

### TIPP

Wenn man gleich mehrere Fühlsäckchen mit verschiedenen Füllungen näht, kann man ein Ratespiel daraus machen oder, für größere Kinder, sogar ein Fühlmemory, wenn man jede Füllung gleich zweimal verwendet.

Stoffreste

als Füllung z. B. Bohnen

Zuschnittschema

4
—
5
—  inkl.NZ
4
—
13

# 3D-FÜHLSÄCKCHEN

Diese Säckchen sind herrlich vielseitig! Je nach
Füllung kann man sie einfach als Deko benutzen,
als Beschwerer beim Stoffezuschneiden, als
Babyspielzeug, zum Befühlen oder in doppelter
oder sogar dreifacher Größe als Kissen.

## So wirds gemacht

**1.** Schneiden Sie zwei Stoffquadrate von je 13 x 13 cm aus.

**2.** Legen Sie die beiden Stoffquadrate rechts auf rechts aufeinander und markieren Sie die Nahtzugabe von 1 cm rundherum. Außerdem markieren Sie eine Wendeöffnung von 5 cm in der Mitte der linken Kante. Stecken Sie die beiden Stofflagen aufeinander.

**3.** Nähen Sie die linke, die obere und die rechte Kante mit mittlerem Geradstich, lassen Sie dabei die Wendeöffnung offen und schrägen Sie die beiden oberen Ecken ab.

**4.** Drehen Sie das Werkstück mit der vorher unteren Kante nach oben. Klappen Sie die Nahtzugaben der Seitennähte auseinander und stecken Sie die Kanten Naht auf Naht fest, schließen Sie die Naht.

**5.** Schrägen Sie die beiden Ecken ab und wenden Sie das Säckchen durch die Wendeöffnung.

**6.** Füllen Sie das Säckchen mit Linsen, Bohnen oder anderem Füllmaterial und schließen Sie die Wendeöffnung von Hand. Benutzen Sie dabei einen engen Handstich, damit keine Teile der Füllung herausfallen können.

2 Stoffquadrate, je 25 x 25 cm

Webbänder und Kordelreste

Zuschnittschema

4
6
T    T
15
inkl.NZ
25

# SCHNUFFELTUCH MIT SCHILDCHEN

Interessant anzusehen, aber noch viel interessanter anzufassen ist dieses Schnuffeltuch, das nicht nur mit einem, sondern gleich mit einer ganzen Vielfalt bunter Schildchen daherkommt. Wetten, dass Ihr Baby nicht die Finger davon lassen kann?

## So wirds gemacht

**1.** Legen Sie ein Stoffquadrat mit der rechten Seite nach oben vor sich. Platzieren Sie rundherum einige Webbandstücke, die Sie doppelt gelegt haben. Dabei zeigt die rechte Bandseite nach außen und die Schnittkante steht jeweils etwas über die Stoffkante über. Stecken Sie die Webbänder fest. Wenn Sie Webbänder aus Kunstfaser benutzen, können Sie die Enden etwas mit dem Feuerzeug ansengen, um Ausfransen zu verhindern. Lassen Sie an einer Seite eine Lücke von etwa 6 cm zwischen den Bändern, an diese Stelle kommt die Wendeöffnung.

**2.** Nähen Sie jetzt die Enden der Webbänder knappkantig parallel zur Stoffkante mit einem mittleren Zickzackstich fest.

**3.** Platzieren Sie das zweite Stoffquadrat darauf, die rechte Stoffseite liegt unten. Markieren Sie rundherum 1 cm Nahtzugabe oder nähen Sie anhand der Markierung an der Nähmaschine.

**4.** Nähen Sie einmal im mittleren Geradstich rundherum, die Wendeöffnung bleibt dabei offen. Schrägen Sie die Ecken ab.

**5.** Wenden Sie das Schnuffeltuch und schließen Sie die Wendeöffnung von Hand.

# WÄRMEKISSEN MIT BEZUG

Wärmekissen können Wunder wirken, manch-mal allein dadurch, dass sie das Kind beruhigen. Mit Körnern gefüllt, halten sie lange die Temperatur und sind schön anschmiegsam. Sie können das Kissen in der Mikrowelle oder auf der Heizung wärmen. Für die Füllung gibt es verschiedene Möglichkeiten: Manches Material ist kleinteilig und fließend, anderes grober und lauter. Ich selbst mag lieber die ganz kleinen, fließenden Körnchen wie Rapssamen, aber das ist Ansichtssache. Das gefüllte Innensäckchen ist herausnehmbar, damit der Bezug gewaschen werden kann, ohne dass Pflanzen in der Waschmaschine wachsen.

2 x Schrägband, je 20 cm lang

Stoff für die Vorderseite, 19 x 33 cm

2 x Stoff fürs Innenkissen, je 19 x 24 cm

Stoff für die Rückseite, je 19 x 23 cm

Rapssamen oder Kirschkerne für die Füllung

## So wirds gemacht

**1.** Schneiden Sie folgende Teile zu: Für das Innenkissen schneiden Sie zwei Rechtecke zu, 19 cm hoch und 24 cm breit. Für die Vorderseite des Bezugs schneiden Sie ein Rechteck mit den Maßen 19 cm hoch und 33 cm breit zu. Der Bezug kann auch aus verschiedenen Stoffen zusammengesetzt sein. Beachten Sie dabei, dass die rechten 10 cm des Rechtecks hinter der Rückseite verschwinden. Für die Kissenrückseite schneiden Sie ein Rechteck mit den Maßen 19 cm hoch und 23 cm breit zu (alle Maße sind bereits inklusive 1 cm Nahtzugabe). Außerdem brauchen Sie noch 2 Schrägbandstreifen à 20 cm Länge.

### Innenkissen

**2.** Legen Sie die beiden Rechtecke rechts auf rechts aufeinander. Zeichnen Sie rundherum die Nahtzugabe von 1 cm, sowie die Wendeöffnung (7 cm in der Mitte einer kurzen Seite) ein.

**3.** Nähen Sie beide Teile mit einem engen Geradstich zusammen, versäubern Sie die Kanten und schrägen Sie die Ecken ab.

**4.** Wenden Sie das Kissen durch die Öffnung und füllen Sie es mit den Kernen oder Samen.

**5.** Schließen Sie die Wendeöffnung mit engen Stichen von Hand. Das Innenkissen ist fertig!

# Weiter gehts

### *Bezug mit Hotelverschluss*

**6.** Legen Sie die beiden Rechtecke für den Kissenbezug mit der rechten Stoffseite nach oben vor sich auf den Tisch.

**7.** Stecken Sie das Schrägband an die rechte Kante des Vorderteilstoffs und an die linke Seite des Rückseitenstoffs.

**8.** Nähen Sie die Schrägbandstreifen mit Geradstich, Zickzackstich oder mit einem dreigeteilten Zickzackstich fest.

**9.** Legen Sie jetzt den Vorderteilstoff mit der rechten Seite nach oben vor sich hin und legen Sie den Rückseitenstoff rechts auf rechts darauf. Die Schrägbandkante ist dabei rechts und die beiden Stoffe liegen an der linken Kante bündig. Klappen Sie jetzt den überstehenden Streifen des Vorderteils an der Schrägbandkante der Rückseite nach links.

**10.** Stecken Sie alles fest, zeichnen Sie die Nahtlinien ein und nähen Sie die Teile rundherum mit 1 cm Nahtzugabe zusammen.

**11.** Versäubern Sie mit einem Zickzackstich und schrägen Sie die Ecken bis kurz vor die Naht ab.

**12.** Wenden Sie die Hülle, formen Sie die Ecken aus und bügeln Sie alles platt.

**13.** Stecken Sie das Körnerkissen in die Hülle.

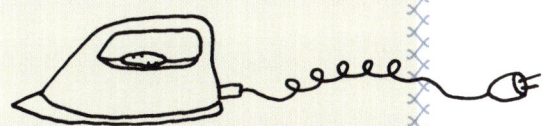

Stoff für den Bezug,
21 x 30 cm und 21 x 40 cm

2 x Stoff fürs Innenkissen,
je 21 x 30 cm

Vorlage „Katze" 300 %

Kordel oder schmales Band

Dinkel oder Kirschkerne

2 x Schrägband, je 21 cm

# KATZEN-WÄRMEKISSEN

Ein Wärmekissen hilft bei Bauchweh und
Unruhe und wenn es auch noch zusätzlich
ein Kuscheltier ist, hilft es sicher noch viel
besser. Unsere Katze hier macht die Augen
vor Wonne zu und schnurrt behaglich.

## So wirds gemacht

### Innenkissen

**1.** Für das Innenkissen legen Sie den Stoff rechts auf rechts und zeichnen mithilfe der Schablone die Katzenform auf.

**2.** Fixieren Sie die Stofflagen mit Stecknadeln und nähen Sie den Umriss in engem Geradstich. Lassen Sie dabei an der unteren Kante eine Wendeöffnung von 6 cm.

**3.** Schneiden Sie an den Innenkurven die Nahtzugabe bis kurz vor die Naht ein und schrägen Sie die Ecken ab.

**4.** Wenden Sie die Katze und schlagen Sie die Nahtzugaben der Wendeöffnung nach innen. Nun füllen Sie die Katze mit Rapssamen, Dinkel oder Kirschkernen. Schließen Sie die Öffnung von Hand mit kleinen Stichen.

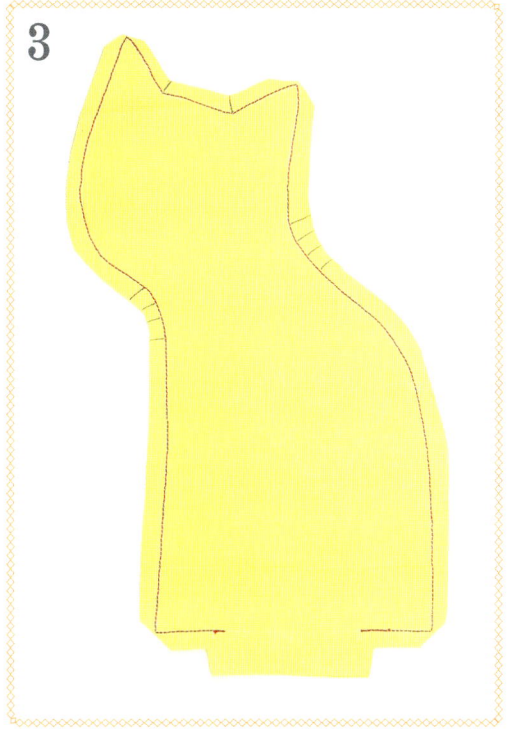

# Weiter gehts

### Bezug mit Hotelverschluss

**5.** Für den abnehmbaren Bezug säumen Sie jeweils eine kurze Kante der Außenstoffe mit Schrägband.

**6.** Legen Sie das größere Rechteck mit der rechten Stoffseite nach oben vor sich hin, die Schrägbandkante liegt dabei links.

**7.** Messen Sie 10,5 cm von dieser Kante und stecken Sie ein Stück Kordel (oder ein zur Schlaufe gelegtes Band) fest. Die Schnittkante des Bands steht dabei etwa 1 cm über die Nahtzugabe hinaus.

**8.** Messen Sie nun 8,5 cm von der linken Kante und legen Sie dort das zweite Rechteck (rechte Stoffseite nach unten) auf. Die Schrägbandkante liegt dabei wieder links.

**9.** Klappen Sie das überstehende Stoffstück ebenfalls an dieser Stelle um und stecken Sie alles fest.

**10.** Nun legen Sie die Katzenschablone (300 %) linksbündig auf die Stofflagen und zeichnen Sie die Umrisse an.

**11.** Nähen Sie den Umriss mit einem mittleren Geradstich und versäubern Sie sie mit einem Zickzackstich. Schneiden Sie die Innenkurven der Nahtzugaben bis knapp vor die Naht ein und schrägen Sie die Ecken ab.

**12.** Wenden Sie die Katze, zeichnen oder sticken Sie das Gesicht auf und stecken Sie das Innenkissen in die Hülle.

### TIPP

Sie können natürlich die Maße der Kissen aus diesem Kapitel verändern und auch an vorhandene Kisseninlets anpassen. Für einen Hotelverschluss sollte der Einschlag etwa 1/3 der kürzeren Kissenseite betragen.

Stoff für Innenseiten

Stoff für die Außenseiten

8 x Schrägband, 10 cm lang

festes Bügelvlies

Wattevlies zum Polstern

Klettklebepunkte

8 KAM Snaps

# NESTCHEN FÜRS KINDERBETT

Ein Nestchen macht das Bettchen kuschelig. Oft findet man aber einfach nicht das Passende. Entweder die Maße stimmen nicht oder die Farben und Motive passen oder gefallen nicht fürs Kinderzimmer. Nähen Sie es doch selbst! Das Nähen an sich ist nicht schwer, Sie müssen nur genau messen und sich dann Ihren eigenen Schnitt erstellen.

## ACHTUNG!

Das Material für dieses Projekt richtet sich nach Ihrer ermittelten Größe. Lesen Sie die Anleitung bis zum Ende durch.

## So wirds gemacht

**1.** Zuerst müssen Sie sich überlegen, wie hoch das Nestchen sein soll. Für ein normalgroßes Bettchen sind 25 cm ein gutes Maß. Messen Sie zuerst die Breite des Bettchens (innen). Normalerweise stehen bei den aktuellen Babybettchen die beiden Seitenteile senkrecht, dann brauchen Sie nur dieses eine Maß. Aus dem Maß für die Breite und dem Maß für die Höhe zeichnen Sie sich ein Rechteck für den Schnitt. Bei manchen alten Bettchen oder Wiegen sind die Seitenteile schräg, dann brauchen Sie zum einen das Maß der Bettbreite in der Höhe der Matratze und zusätzlich die Breite an der Oberkante des Nestchens, also z. B. auf 25 cm Höhe. Zeichnen Sie sich nun ein Rechteck aus dem Maß für die Höhe und dem größeren Maß für die Breite. Jetzt müssen Sie rechnen, und zwar: größeres Maß für die Breite minus kleineres Maß für die Breite. Das Ergebnis teilen Sie durch zwei und erhalten damit die Strecke, die Sie rechts und links an der Unterkante des Rechtecks einrücken müssen. Verbinden Sie die Eckpunkte und Sie erhalten ein Trapez als Schnitt für Kopf- und Fußteil.

**2.** Für die Seitenteile messen Sie die Länge des Bettchens (innen). Aus diesem Maß und dem Maß für die Höhe (z. B. 25 cm) zeichnen Sie ein Rechteck als Schnitt für die Seitenteile.

**3.** Legen Sie die kurzen Kanten der Schnittteile aneinander und runden Sie eventuell die obere Kante auf gleiche Höhe ab. Testen Sie am Bett, ob alle Maße stimmen.

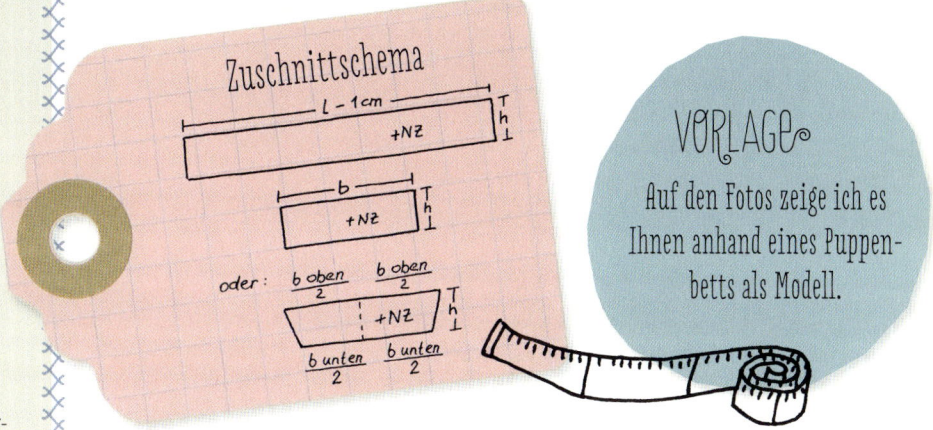

Zuschnittschema

VORLAGE
Auf den Fotos zeige ich es Ihnen anhand eines Puppenbetts als Modell.

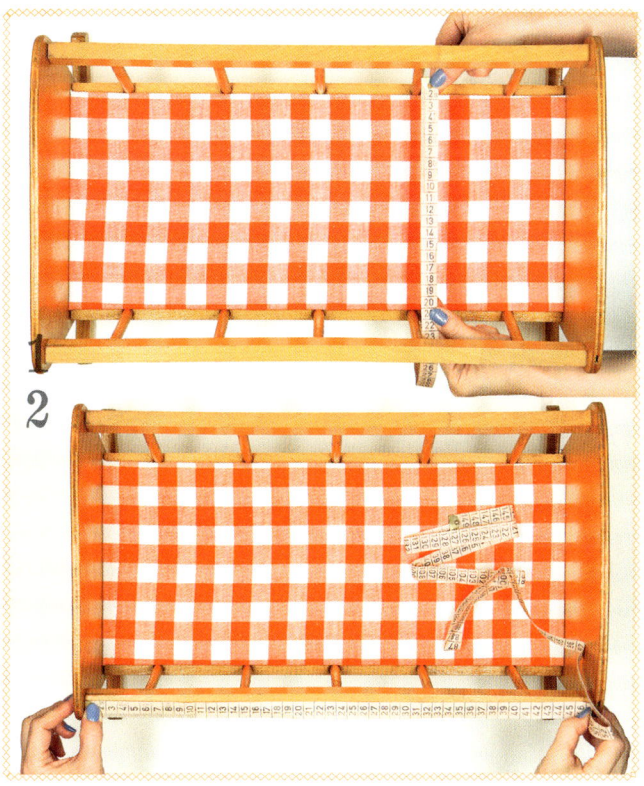

2

3

# Weiter gehts

**4.** Schneiden Sie jetzt jedes Teil zweimal für die Außenseiten und zweimal für die Innenseite des Nestchens zu. Auf die Außenteile bügeln Sie ein festes Bügelvlies für die Stabilisierung, auf die Innenteile bügeln Sie ein dickes Wattevlies zum Polstern.

**5.** Außerdem brauchen Sie acht Schrägbandstreifen von je 10 cm Länge. Bügeln Sie jeweils auf der offenen Seite zur Hälfte ein festes Bügelvlies darauf. Falten Sie die Streifen so, dass die offene Seite innen liegt. Steppen Sie sie rundherum ab.

**6.** Legen Sie nun die äußeren Kopfund Fußteile vor sich hin und stecken Sie die doppelten Streifen in gleichmäßigem Abstand darauf, die offenen Kanten zeigen dabei zur Nahtzugabe.

**7.** Legen Sie die inneren Kopf- und Fußteile rechts auf rechts darauf, zeichnen Sie die Nahtzugaben an. An der unteren Kante markieren Sie eine Wendeöffnung von 15 cm.

**8.** Legen Sie die inneren Seitenteile rechts auf rechts auf die äußeren Seitenteile, markieren Sie auch hier die Nahtzugaben und eine Wendeöffnung von 15 cm. Schließen Sie alle Kanten, schneiden Sie die Ecken zurück, wenden Sie die Teile und bügeln Sie alles flach.

**9.** Schließen Sie die Wendeöffnungen von Hand und steppen Sie alle Kanten nähfüßchenbreit ab.

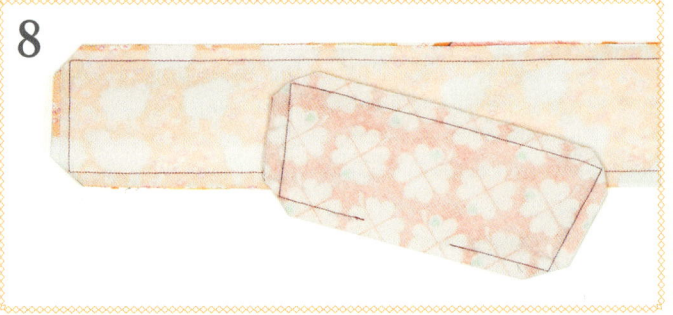

**10.** Legen Sie die kurzen Kanten aller Teile aneinander und markieren Sie die Positionen für die KAM Snaps an den Schlaufen und an den Seitenteilen. Die Schlaufen sollten dabei an der Außenseite des Nestchens sein. Befestigen Sie die KAM Snaps.

**11.** Zur Befestigung des Nestchens am Bett verwenden Sie Klettklebepunkte, die es in verschiedenen Farben zu kaufen gibt. Je nach der Festigkeit der verwendeten Vlieseinlage können Sie die Klebepunkte dichter oder weniger dicht setzen. Eventuell müssen Sie die Punkte am Nestchen mit ein paar Stichen festnähen. Alternativ können Sie auch an den oberen Kanten Bändchen annähen, mit denen Sie das Nestchen an den Stäben des Bettchens festbinden.

9

10

# HÜLLEN ZUM FÜLLEN

Hübsche Hüllen zum Befüllen in Hülle und Fülle! Nicht immer genügt das Äußere diverser Hefte, Ausweise und Büchlein dem ästhetischen Bedürfnis der Mama. Hübsch eingekleidet in den Lieblingsstoff nimmt man sie lieber in die Hand. Und dann gibt es da noch diverse Gegenstände, die man vor den Blicken anderer schützen möchte. Und welche, die man so gerne und oft in die Hand nimmt, dass sie nicht abnutzen sollen. Und Profanes wie Windeln, die man unverpackt nun wirklich nicht jedem zumuten muss.

Einstecklasche, 24 x 14,5 cm

Außenstoff und Innenstoff, je 24 x 32, 8 cm

2 Einstecklaschen, je 24 x 16,5 cm

Stylefix

Gummiband, 11 cm

schöner Knopf als Verschluss

# U-HEFT-HÜLLE

Die Plastikhülle, die man meistens mit dem Untersuchungsheft überreicht bekommt, ist zwar zweckmäßig, aber alles andere als schön ..., und weil man das U-Heft ja noch für viele Untersuchungen mit zum Kinderarzt nehmen muss, lohnt sich die Mühe, eine individuelle Stoffhülle anzufertigen. In Farben, die zu Ihnen und zu Ihrem Kind passen, vielleicht sogar mit dem Namen oder mit einem besonderen Bild aufgehübscht. Und wenn man einmal dabei ist, so eine Hülle ist auch immer ein schönes Geschenk für andere frischgebackene Mütter.

## So wirds gemacht

**1.** Schneiden Sie alle Teile zu. Der Außenstoff kann auch aus verschiedenen Stoffen zusammengesetzt sein, beachten Sie dabei, dass die rechte Seite des Rechtecks die spätere Vorderseite der Hülle sein wird. (Alle Maße sind bereits inklusive je 1 cm Nahtzugabe.)

**2.** Falten Sie die Rechtecke für die Laschen mittig der Länge nach und bügeln Sie sie flach. Legen Sie die schmale Lasche auf eine der breiteren Laschen, dabei liegen die offenen Kanten unten bündig übereinander, und stecken Sie beides zusammen. Jetzt markieren Sie eine Linie im Abstand von 7 cm parallel zur rechten Kante und nähen Sie die beiden Teile auf dieser Linie zusammen, dies wird das Fach für die Versichertenkarte.

**3.** Legen Sie das Rechteck des Futterstoffs mit der rechten Stoffseite nach oben quer vor sich auf den Tisch. Darauf legen Sie links die doppelte Lasche und rechts die einzelne Einstecklasche, jeweils mit der Schnittkante nach außen. Markieren Sie an der rechten Kante die Mitte.

**4.** Kleben Sie ein kleines Stück Stylefix auf Höhe der Markierung auf die Nahtzugabe und befestigen Sie die Gummischlaufe. Das Gummi steht dabei etwa 1 cm über die Nahtzugabe heraus.

**5.** Legen Sie den Außenstoff mit der rechten Stoffseite nach unten genau auf das Futter mit den Laschen und stecken Sie alles mit Stecknadeln fest.

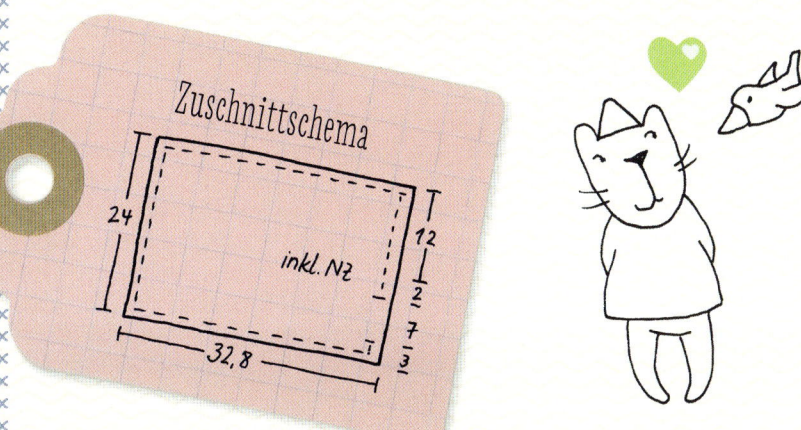

Zuschnittschema

24

inkl. Nz

12

7

32,8

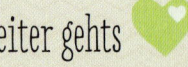

## Weiter gehts

**6.** Nähen Sie die Teile rundherum mit 1 cm Nahtzugabe zusammen, beachten Sie dabei, die Naht für die Wendeöffnung offen zu lassen. Schrägen Sie die Ecken bis kurz vor die Naht ab.

**7.** Drehen Sie nun das gesamte Teil so um, dass die Futterseite oben liegt und die Wendeöffnung sich immer noch rechts befindet. Klappen Sie die oberste Lage (Futter) weg und schließen Sie die Strecke der Wendeöffnung durch die Laschen und den Außenstoff. Dabei beachten Sie wieder die Nahtzugabe von 1 cm.

**8.** Wenden Sie die Hülle durch die verbleibende Öffnung zwischen Futter und Lasche. Bei dieser Hülle ist es nicht notwendig, die Wendeöffnung von Hand zu schließen, da sie sich unsichtbar unter der Lasche befindet. Streichen Sie die Nahtzugabe der Wendeöffnung glatt nach innen, damit sie nicht aufträgt.

**9.** Formen Sie die Ecken aus, bügeln Sie die Hülle glatt und nähen Sie einen Knopf an. Beachten Sie dabei, dass Sie nur durch den Außenstoff und das Futter stechen, nicht aber die Einstecklaschen mit festnähen.

## So wirds gemacht

**1.** Zuerst messen Sie das Buch aus, das Sie umhüllen möchten.

**2.** Sie brauchen die Maße für Höhe und Breite. Für die Breite legen Sie ein Maßband von der hinteren Kante des Buchdeckels um den Buchrücken herum bis zur vorderen Kante des Buchdeckels. Für die Höhe messen Sie von der oberen bis zur unteren Kante des Buchdeckels.

**3.** Nun kommt es auf die Dicke Ihrer Buchdeckel an, welchen Wert Sie zu den beiden gemessenen Werten addieren müssen. Bei sehr dünnen Deckeln, wie etwa bei einem Heft, addieren Sie 2,8 cm, bei Deckeln aus dickerer Pappe addieren Sie 3,1 cm. In diesem Wert sind die Nahtzugaben schon enthalten.

**4.** Schneiden Sie die folgenden Teile zu: Aus dem Außenstoff schneiden Sie ein Rechteck mit den errechneten Maßen (Breite x Höhe) zu. Aus dem Innenstoff schneiden Sie ein Rechteck mit den gleichen Maßen zu. Für die Einstecklaschen schneiden Sie 2 Rechtecke in der errechneten Höhe und der halben errechneten Breite zu.

**5.** Das weitere Vorgehen ist dann wie in der Anleitung zur U-Heft-Hülle auf den vorangehenden Seiten beschrieben.

# BUCHHÜLLE NACH MASS

Mit dieser Anleitung können Sie sich Hüllen für beliebige Hefte oder Bücher nähen. Wie wäre es also mit einem individuell gestalteten Fotoalbum oder einem persönlichen Baby- oder Schwangerschaftstagebuch?

Zuschnittschema

gemessenes Maß +2,8 bis 3,1 cm

inkl. NZ

gemessenes Maß +2,8 bis 3,1 cm

2 Einstecklaschen, Innen- und Außenstoff

MY BABY

Außenstoff und Innenstoff,
je 20,5 x 28,5 cm

2 Einstecklaschen, je 20,5 x 14,5 cm

Einstecklasche, 20,5 x 12,5 cm

# MUTTERPASSHÜLLE

Die Freude über eine Schwangerschaft ist meistens so groß, dass man am liebsten der ganzen Welt davon erzählen möchte. Der beste „Beweis" dabei ist dann natürlich der Mutterpass! Damit dieser auch stilgerecht verpackt ist, können Sie sich mit dieser Anleitung eine Hülle ganz nach Ihren Vorstellungen anfertigen.

Zuschnittschema

20,5

inkl. NZ

10,5

7

3

28,5

## So wirds gemacht

**1.** Schneiden Sie alle Teile zu: aus dem Außenstoff ein Rechteck mit den Maßen 20,5 cm hoch und 28,5 cm breit. Aus dem Innenstoff ebenfalls ein Rechteck mit den Maßen 20,5 cm hoch und 28,5 cm breit, für die Einstecklaschen 2 Rechtecke à 20,5 cm hoch und 14,5 cm breit und ein Rechteck 20,5 cm hoch und 12,5 cm breit (alle Maße inklusive 1 cm Nahtzugabe). Falten Sie die Rechtecke für die Laschen mittig der Länge nach und bügeln Sie sie flach.

**2.** Legen Sie den Futterstoff mit der rechten Stoffseite nach oben quer vor sich auf den Tisch. Darauf legen Sie rechts und links die breiteren Einstecklaschen, jeweils mit der Bügelkante zur Mitte hin, und auf der linken Lasche platzieren Sie auch noch die schmalere Lasche. Dabei liegen die Schnittkanten übereinander.

**3.** Legen Sie den Außenstoff mit der rechten Stoffseite nach unten genau auf das Futter mit den Laschen und stecken Sie alles mit Stecknadeln fest. Nähen Sie die Teile rundherum mit 1 cm Nahtzugabe zusammen, lassen Sie eine Wendeöffnung. Schrägen Sie die Ecken ab und schließen Sie die Wendeöffnung wie beim Projekt U-Heft-Hülle (Seite 68).

**4.** Wenden Sie die Hülle durch die verbleibende Öffnung zwischen Futter und Lasche. Die Wendeöffnung befindet sich unsichtbar unter der Lasche und muss nicht geschlossen werden. Streichen Sie die Nahtzugabe der Wendeöffnung glatt nach innen, damit sie nicht aufträgt. Formen Sie die Ecken aus und bügeln Sie die Hülle glatt.

2 Einstecklaschen, je 25 x 20 cm

Außenstoff und Innenstoff, je 25 x 32 cm

aufbügelbares Wattevlies, 25 x 32 cm

Knopf

Stylefix

Gummiband oder -kordel, ca. 23 cm

Zuschnittschema

15

6

4

inkl. Nz

12,5

32

12,5

12,5

# WINDELTÄSCHCHEN

Wenn man mit Baby oder Kleinkind unterwegs ist,
ist es immer gut, Ersatzwindeln und Feuchttücher
bereit zu haben – man weiß ja nie, was passiert.
Diese Windeltasche ist schnell genäht. So schnell,
dass man sich sogar zu jedem Outfit eine
passende nähen könnte.

## So wirds gemacht

**1.** Schneiden Sie aus dem Außenstoff ein Rechteck mit den Maßen 25 cm hoch und 32 cm breit. Bügeln Sie ein leichtes, aufbügelbares Wattevlies darauf. Aus dem Innenstoff schneiden Sie ebenfalls ein Rechteck mit den Maßen 25 cm hoch und 32 cm breit und für die Einstecklaschen 2 Rechtecke à 25 cm hoch und 20 cm breit (alle Maße sind bereits inklusive je 1 cm Nahtzugabe). Falten Sie die Rechtecke für die Laschen mittig der Länge nach und bügeln Sie sie flach.

**2.** Legen Sie das Rechteck des Futterstoffs mit der rechten Stoffseite nach oben quer vor sich auf den Tisch. Darauf legen Sie rechts und links die Einstecklaschen, jeweils mit der Schnittkante nach außen. Markieren Sie an der rechten Lasche die Mitte. Legen Sie das Gummiband zur Schlaufe und kleben Sie es mit einem Stück Stylefix auf die Nahtzugabe. Das Gummiband steht 1 cm über den Stoff hinaus.

**3.** Legen Sie den Außenstoff mit der rechten Stoffseite nach unten genau auf das Futter mit den Laschen und stecken Sie alles mit Stecknadeln fest. Sie können die Nahtlinie markieren, aber Sie können sich auch an der Abstandsmarkierung Ihrer Nähmaschine orientieren.

**4.** Nähen Sie die Teile rundherum mit 1 cm Nahtzugabe zusammen, lassen Sie links eine Wendeöffnung. Schrägen Sie die Ecken bis kurz vor die Naht ab. Schließen Sie die Wendeöffnung wie beim Projekt U-Heft-Hülle (Seite 68) beschrieben.

**5.** Wenden Sie die Hülle durch die verbleibende Öffnung zwischen Futter und Lasche. Bei dieser Hülle ist es nicht not-

wendig, die Wendeöffnung von Hand zu schließen, da sie sich unsichtbar unter der Lasche befindet. Streichen Sie die Nahtzugabe der Wendeöffnung glatt nach innen, damit sie nicht aufträgt. Formen Sie die Ecken aus und bügeln Sie die Hülle glatt.

**6.** Nähen Sie einen Knopf an.

Volumenvlies, 24 x 19,4 cm

Volumenvlies, 34,5 x 19,4 cm

Stoff für Taschenbeutel, 48 x 19,4 cm

Stylefix

Außenstoff und Innenstoff, je 34,5 x 19,4 cm

Knopf

Gummiband oder -kordel, ca. 23 cm

## WINDELTÄSCHCHEN 2

Wenn man mit Baby unterwegs ist, ist es gut, wenn man die wichtigsten Sachen griffbereit gepackt hat. In einem Täschchen bekommen Windeln keinen Sand oder Schmutz ab und sehen netter aus. Diese Tasche können Sie in zwei Versionen nähen, einmal in flach und einmal mit Abnähern für mehr Höhe.

### Zuschnittschema

34,5

9,7

19,4

inkl. NZ

9,7

1 4 6

24,5

## So wirds gemacht

**1.** Schneiden Sie folgende Teile zu:
Aus dem Außenstoff schneiden Sie ein
Rechteck mit den Maßen 34,5 cm hoch
und 19,4 cm breit und bügeln Sie darauf ein gleich großes Stück Volumenvlies. Aus dem Innenstoff schneiden
Sie ein Rechteck mit den gleichen Maßen zu. Für den Taschenbeutel schneiden Sie ein Rechteck von 48 cm hoch
und 19,4 cm breit (alle Maße sind bereits inklusive je 1 cm Nahtzugabe), auf
die Hälfte des Taschenbeutels bügeln
Sie Volumenvlies. Falten Sie das Rechteck für den Taschenbeutel mittig und
steppen Sie die Kante ab.

**2.** Legen Sie das Rechteck des Innenstoffs mit der rechten Stoffseite nach
oben quer vor sich auf den Tisch.
Darauf legen Sie links den Taschenbeutel, jeweils mit der Schnittkante
nach außen.

**3.** Markieren Sie die Hälfte der rechten
Kante und kleben sie dort ein kleines
Stück Stylefix auf die Nahtzugabe.

**4.** Legen Sie das Gummiband zu einer
Schlaufe und kleben Sie sie fest, dabei
stehen die Enden etwa 1 cm über die
Nahtzugabe über.

**5.** Legen Sie den Außenstoff mit der
rechten Stoffseite nach unten genau
auf das Futter mit dem Taschenbeutel
und stecken Sie alles mit Stecknadeln
fest.

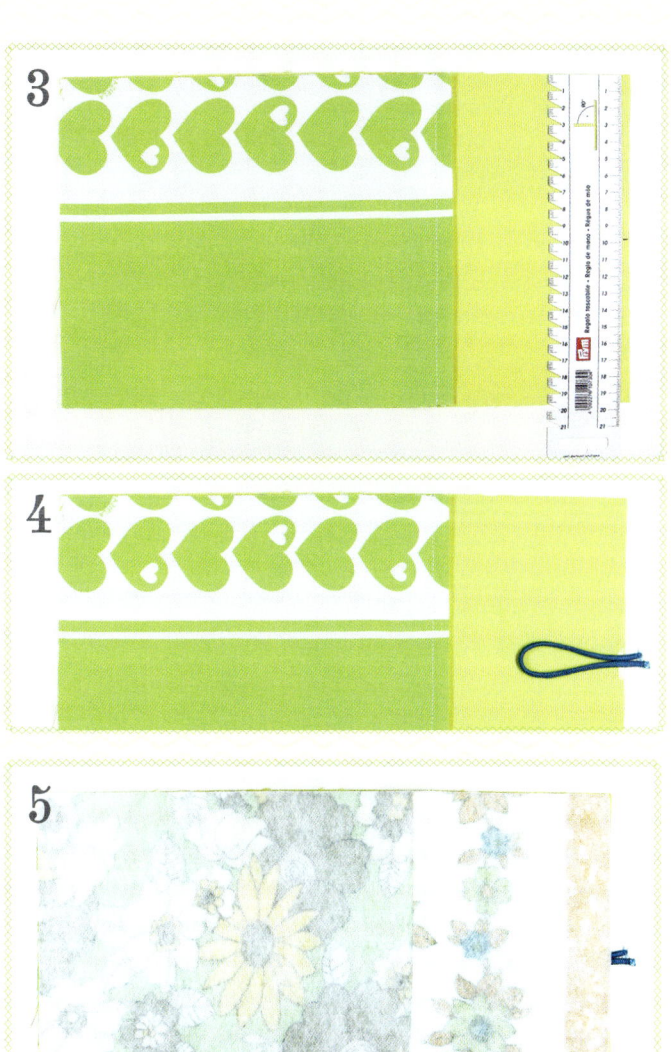

## Weiter gehts

**6.** Nähen Sie jetzt rundherum, beachten Sie dabei, die Naht für die Wendeöffnung offen zu lassen. Schrägen Sie die Ecken bis kurz vor die Naht ab.

**7.** Drehen Sie nun das gesamte Teil so um, dass die Futterseite oben liegt. Klappen Sie die oberste Lage (Futter) weg und schließen Sie die Strecke der Wendeöffnung durch den Taschenbeutel und den Außenstoff. Dabei beachten Sie wieder die Nahtzugabe von 1 cm.

**8.** Wenden Sie die Tasche, dass die Innenseiten außen liegen und schließen Sie die Wendeöffnung von Hand.

**9.** Für die flache Version wenden Sie die Tasche komplett und bügeln Sie sie flach. Nähen Sie einen Knopf an.

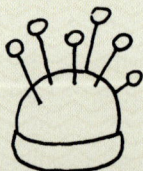

**10.** Für die Tasche mit Abnähern lassen Sie die Tasche auf links gedreht und legen Sie an den unteren Ecken jeweils die Seitennaht auf die Bodennaht. Stecken Sie sie fest und markieren Sie eine Linie quer zur Seitennaht im Abstand von 2 cm von der Spitze. Nähen Sie diese Linie ab.

**11.** Wenden Sie die Tasche, formen Sie die Ecken aus und bügeln Sie alles. Nähen Sie einen Knopf an.

Bügelvlies, 19,5 x 14,5 cm

Bügelvlies, 8,5 x 14,5 cm

Außenstoff und Innenstoff, je 19,5 x 14,5 cm

Stoff für hinteres Fach, 20 x 14,5 cm

Stoff für vorderes Fach, 17 x 14,5 cm

KAM Snap

# Portemonnaie

Für alle kleinen Niedlichkeiten, die man zwar nicht unbedingt braucht, aber unbedingt haben will, für ein Eis für die Mama oder einen Luftballon am Kinderwagen, für ein leckeres Getränk und das Stück Kuchen im Lieblingscafé braucht es ein bisschen Geld. Das können Sie in dem kleinen Portemonnaie mitnehmen.

## Zuschnittschema

4,5
5,5
4,5

inkl. Nz

14,5

19,5

## So wirds gemacht

**1.** Schneiden Sie folgende Teile zu: aus dem Außenstoff ein Rechteck mit den Maßen 19,5 cm hoch und 14,5 cm breit; aus dem Innenstoff ein Rechteck mit den gleichen Maßen. Für das hintere Fach schneiden Sie ein Rechteck, 20 cm hoch und 14,5 cm breit, für das vordere ein Rechteck 17 cm hoch und 14,5 cm breit (alle Maße inklusive je 1 cm Nahtzugabe).

**2.** Auf den Außenstoff bügeln Sie ein mittelfestes Bügelvlies in der gleichen Größe. Auf die Hälfte des Stoffs für das vordere Fach bügeln Sie ein Bügelvlies von 8,5 x 14,5 cm.

**3.** Falten Sie die Rechtecke für die Fächer mittig links auf links und bügeln Sie sie flach. Legen Sie das Rechteck des Innenstoffs mit der rechten Stoffseite nach oben quer vor sich auf den Tisch. Darauf legen Sie links zuerst das größere Fach und darauf das kleinere Fach, jeweils mit der Schnittkante nach außen.

**4.** Legen Sie den Außenstoff mit der rechten Stoffseite nach unten genau auf das Futter mit den Fächern und stecken Sie alles mit Stecknadeln fest. Markieren Sie an den beiden rechten Ecken eine Rundung, dafür können Sie z. B. eine Klebefilmrolle zur Hilfe nehmen. Halten Sie dabei an den Kanten 1 cm Abstand für die Nahtzugabe

**5.** Nähen Sie jetzt rundherum. Beachten Sie dabei, die Wendeöffnung offen zu lassen. Schrägen Sie die Ecken bis kurz vor die Naht ab und kürzen Sie die Nahtzugabe der langen Kanten und an der Rundung entlang auf etwa 0,5 cm ein.

**6.** Drehen Sie nun das gesamte Teil so um, dass das Futter und die Wendeöffnung sichtbar sind. Schließen Sie die Wendeöffnung von Hand.

**7.** Wenden Sie nun auch die beiden Fächer und bügeln Sie alles flach. Bringen Sie KAM Snaps als Verschluss an oder nähen Sie Druckknöpfe von Hand an.

Stylefix

mittlerer Taschenbeutel, 32 x 18 cm

Taschenvorderseite und -rückseite, je 22 x 18 cm

vorderer Taschenbeutel, 16 x 18 cm

2 x Stoff für Katze, je ca. 9 x 12 cm

Band für Träger, 74 cm, max. 2 cm breit

Rest Anorakkordel, ca. 15 cm

# KINDERTASCHE MIT TRÖSTERLE

Etwas zu trinken und zum Mund abputzen muss genauso auf jeden kleinen oder größeren Ausflug mit, wie etwas, das bei Bekümmernissen Trost spendet. In dieses niedliche Täschchen lassen sich spannende Dinge rein- und wieder herausräumen. Die größte Attraktion ist aber das Trösterle, das geduldig im Außenfach wartet und Ausschau hält, bis es zu Hilfe eilen darf. Das Tolle ist, dass die Katze nicht verloren gehen kann, denn sie ist mit ihrem Schwanz an verborgener Stelle befestigt.

## Zuschnittschema

18

12 12 12    12 12 12

8,5

inkl. NZ

22

4,5    4,5

## So wirds gemacht

### Katze

**1.** Legen Sie den Stoff für die Katze rechts auf rechts aufeinander, markieren Sie die Umrisse mithilfe der Schablone (100 %). Markieren Sie außerdem die Wendeöffnung seitlich (Bild 3) und die Stelle für den Schwanz.

**2.** Kleben Sie ein kleines Stück Stylefix an die Nahtzugabe und befestigen Sie die Kordel für den Schwanz. Das Kordelende liegt auf der Nahtzugabe, der Schwanz innerhalb der Markierungslinien. Stecken Sie die Stofflagen aufeinander.

**3.** Nähen Sie einmal rundherum, die Wendeöffnung bleibt dabei offen. Schneiden Sie die Nahtzugaben auf 3–5 mm zurück, schrägen Sie die Ecken ab und schneiden Sie die Rundungen bis knapp vor die Naht ein.

**4.** Wenden Sie die Figur und malen oder sticken Sie das Gesicht auf. Bügeln Sie die Nahtzugaben der Wendeöffnung nach innen.

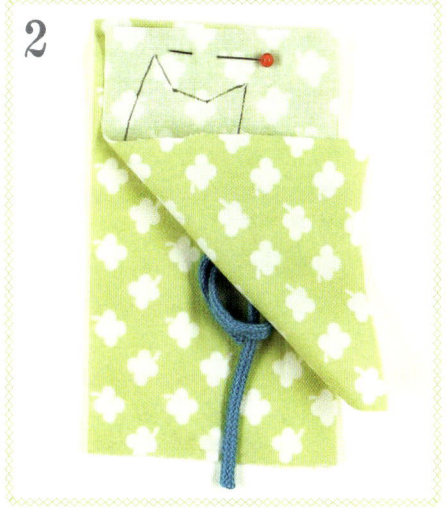

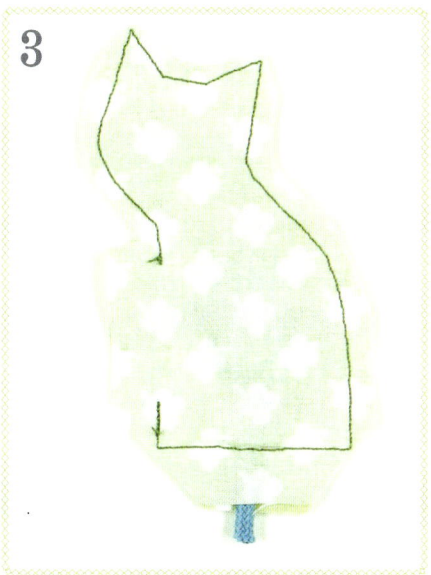

## Weiter gehts

### *Kindertasche*

**5.** Bügeln Sie das Stoffstück für die mittlere Tasche links auf links zur Hälfte und kleben Sie das Ende der Kordel mit Stylefix an der unteren offenen Kante fest.

**6.** Falten Sie jetzt auch den Stoff für die vordere Tasche links auf links zur Hälfte und legen Sie ihn auf den mittleren Taschenstoff mit der Katze. Die offene Kante ist dabei wieder unten. Jetzt nähen Sie beide Teile aufeinander, die Nähte liegen dabei senkrecht je 4,5 cm vom rechten und linken Rand entfernt.

**7.** Legen Sie den ersten hinteren Taschenstoff (Taschenvorderseite) mit der rechten Seite nach oben vor sich hin und befestigen Sie die Enden des Trägerbands mit Stylefix an der oberen Kante. Der Abstand zu den Kanten beträgt rechts und links je 2 cm. Achten Sie darauf, dass das Band nicht verdreht ist.

**8.** Jetzt legen Sie das mittlere und vordere Taschenteil darauf und stecken Sie alles fest.

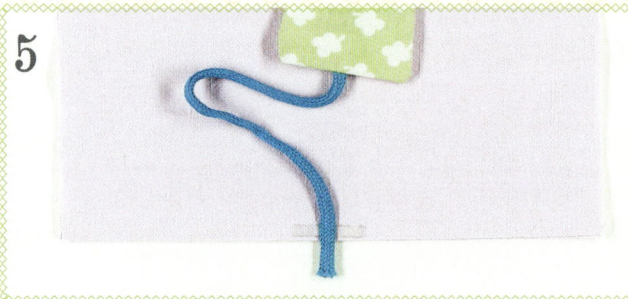

**9.** Markieren Sie beim zweiten hinteren Taschenteil (Taschenrückseite) die Nahtzugabe und zeichnen Sie zwischen den Trägern eine Wendeöffnung von 8,5 cm ein. Stecken Sie dieses Teil mit der rechten Stoffseite nach unten auf die anderen Teile.

**10.** Nähen Sie mit einem mittleren Geradstich rundherum, die Wendeöffnung bleibt offen. Die Ecken schrägen Sie ab.

**11.** Wenden Sie die Tasche und schließen Sie die Wendeöffnung von Hand. Füllen Sie die Katzenfigur mit Füllwatte und schließen Sie auch diese Wendeöffnung.

# Taschen & Verstauen

Ordnung ist die Mutter der Porzellankiste. Das wusste schließlich schon die Großmama. Damit das Sortieren mehr Spaß macht, nähen wir uns praktische und lustig kunterbunte Ordnungshelfer einfach im Handumdrehen selbst! Schnell ist alles in sein Fach eingeordnet und Mama und Baby können sich wieder anderen schönen Dingen im Leben widmen. Bei Spaziergängen und Erkundungstouren begleitet die beiden die famose selbst genähte Wickeltasche. Die Katze muss natürlich auch immer mit, sie will schließlich auch etwas von der Welt sehen. Da ist sie ganz wie Mama und Baby.

Vorderseitenstoff, hier 35 x 35 cm

Rückseitenstoff, hier 35 x 35 cm

Fronttasche, 32 x 35 cm

3 KAM Snaps

Kleiderbügel mit Querverstrebung

# HÄNGEUTENSILO

Ein Kleiderbügelutensilo ist praktisch und hübsch zugleich.
Sie können es z. B. an der Wand über dem Kinderbett
aufhängen, um darin tagsüber den Schnuller und das
Schnuffeltuch aufzubewahren. Oder Sie hängen es über
den Wickeltisch, um Bürste, Kamm und Zahnbürste unter-
zubringen. Es fasst auch Stifte und die Post des
Tages, ganz wie Sie möchten. Falls Ihr Kleiderbügel
viel schmaler oder breiter ist als das angegebene
Maß, können Sie den Stoffzuschnitt
leicht verändern.

## So wirds gemacht

**1.** Bügeln Sie den Stoff für die aufgenähte Fronttasche auf die Hälfte, sodass Sie die Größe 16 x 35 cm erhalten. Legen Sie den Vorderseitenstoff für das Utensilo vor sich hin, die rechte Stoffseite liegt oben. Darauf legen Sie die Fronttasche, ebenfalls mit der rechten Stoffseite nach oben.

**2.** Jetzt legen Sie rechts auf rechts den Rückseitenstoff darauf. Zeichnen Sie rundherum 1 cm Nahtzugabe an, an der unteren Kante markieren Sie eine Wendeöffnung von 11 cm. An den oberen beiden Ecken zeichnen Sie mithilfe eines runden Deckels o. Ä. Rundungen ein. Der Durchmesser sollte etwa 8 cm betragen. Legen Sie ihn an den eingezeichneten Nahtzugaben an.

**3.** Nähen Sie rundherum an der Markierungslinie, die Wendeöffnung bleibt offen. Drehen Sie das Teil um, klappen Sie die obere Stofflage zurück und schließen Sie die Wendeöffnung durch die verbleibenden Lagen. Schneiden Sie die Nahtzugaben an den Rundungen zurück.

**4.** Wenden Sie das Teil durch die Öffnung, bügeln Sie alles flach. Steppen Sie einmal Steppfüßchenbreit rundherum und nähen Sie eine senkrechte Naht als Unterteilung in der Mitte der Fronttasche.

**5.** Befestigen Sie KAM Snaps laut Skizze und knöpfen Sie das Utensilo an den Kleiderbügel.

Skizze für KAM Snaps

4 — 12,5 — 12,5 — 4

2
6

33

33

1

2

3

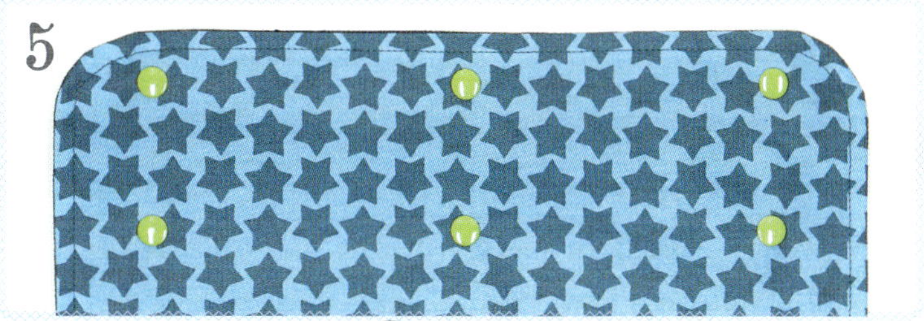

5

2 x Außenstoff, je 54 x 37 cm

2 x Wattevlies oder Schabracken-einlage zum Aufbügeln, je 54 x 37 cm

2 x Taschenstoff, je 54 x 31,5 cm

2 x Innenstoff, je 54 x 37 cm

ggf. Schrägband, 54 cm

**Zuschnittschema 1**

52    35
+ 1 cm NZ
22    13
8    10    8
8    26    13
13
13

**Zuschnittschema 2**

16,5
+NZ
15,5
13    1
13    13    13

## STOFFKORB

Nach diesem Schnitt können Sie Utensilos für verschiedenste Verwendungszwecke nähen. Sie können die Maße nach Ihren Wünschen anpassen - der Ausschnitt für die Ecken muss dabei aber immer ein Quadrat ergeben.

## So wirds gemacht

**1.** Erstellen Sie sich ein Schnittmuster anhand Zuschnittschema 1 und 2. Schneiden Sie alle Teile zu. Sie benötigen 2 Teile aus Außenstoff, 2 Teile aus Innenstoff und die Fronttasche einmal aus Außen- und einmal aus Innenstoff. Legen Sie die Taschenteile rechts auf rechts, nähen Sie sie an der oberen Kante zusammen, klappen Sie sie um (links auf links) und bügeln Sie die Kante flach. Fassen Sie die Kante mit einem Schrägbandstreifen ein oder fixieren Sie sie mit einer Steppnaht. Bügeln Sie das Vlies auf die beiden Teile aus Außenstoff.

**2.** Legen Sie das Teil für die Fronttasche links auf rechts auf ein Teil aus Außenstoff. Markieren Sie sich die Stepplinien laut Schnittmuster und fixieren Sie beide Teile mit Geradstichnähten auf diesen Linien.

**3.** Legen Sie das zweite Außenteil Rechts auf rechts darauf und schließen Sie die Seitennähte und die untere Kante.

**4.** Legen Sie die beiden Futterteile rechts auf rechts, markieren Sie sich an der unteren Kante die Wendeöffnung von 12 cm und schließen Sie die Seitennähte und die untere Kante.

**5.** Schließen Sie die Ecken, indem Sie jeweils die Naht der unteren Kante auf die Naht der Seitenkanten legen. Die Nahtzugaben klappen Sie dabei auseinander. Schließen Sie alle vier Ecken an Außen- und Innenkorb.

**6.** Stecken Sie die Innentasche rechts auf rechts in die Außentasche und schließen Sie die obere Kante. Die Seitennähte liegen übereinander. Wenden Sie das Utensilo durch die Wendeöffnung und schließen Sie die Wendeöffnung von Hand oder mit einem Zickzackstich.

2 x Außen- sowie Innenstoff, je 31,7 x 44 cm

Teile für Innen- und Fronttasche, je 40 x 44 cm

Trägerzuschnitt aus Baumwollstoff, 10 x 100 cm; zzgl. Bügelvlies, 4 x 100 cm

Taschenklappe: Außenstoff, 30 x 32 cm; Innenstoff, 30 x 32 cm

Stylefix

Schrägband, ca. 92 cm

Webband, 100 cm

## VLIESBEDARF

- Volumenvlies für die Taschenklappe, 30 x 32 cm;
- 2 x Bügelvlies für den Außenstoff, je 31,7 x 44 cm;
- 2 x Bügel-Volumenvlies für den Innenstoff, je 31,7 x 44 cm

# WICKELTASCHE ♥

Eine Wickeltasche muss nicht fad aussehen! Sie können sie passend zu Ihrem Stil und Ihrem Kinderwagen nähen. Vielleicht benutzen Sie sie ja sogar noch weiter, wenn Ihr Kind längst im Kindergarten ist – die Arbeit lohnt sich also auf jeden Fall!

Skizze für Schnittmuster (Taschenteile)

+1 cm NZ

29,7

4

4

42

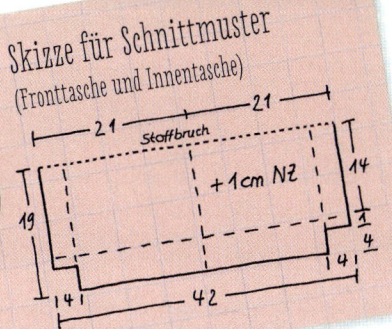

Skizze für Schnittmuster
(Fronttasche und Innentasche)

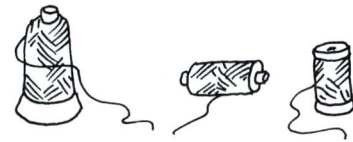

## So wirds gemacht 💙

**1.** Erstellen Sie sich ein Schnittmuster anhand der Skizzen. Schneiden Sie die folgenden Teile zu: Sie brauchen je 2 Taschenteile aus Außenstoff, die Sie mit Bügelvlies verstärken und 2 Teile aus Futterstoff, auf die Sie jeweils ein Wattevlies zur Stabilisierung bügeln. Außerdem brauchen Sie die Teile für die Innentasche und für die Fronttasche, jeweils im Stoffbruch zugeschnitten. Die Taschenklappe schneiden Sie einmal aus Außenstoff, einmal aus Innenstoff und einmal aus einer festeren Watteeinlage (oder Bodenwischtuch) zu.

**2.** Legen Sie das Vorderteil aus Außenstoff mit der rechten Seite nach oben vor sich und platzieren Sie das Teil für die Fronttasche passend darauf. Markieren Sie nun die Stepplinien laut Schnittmuster und steppen Sie auf diesen Linien durch beide Lagen.

**3.** Legen Sie beide Teile aus dem Außenstoff rechts auf rechts und schließen Sie die Seitennähte und die untere Kante. Die Ecken bleiben noch offen.

**4.** Legen Sie nun das Teil für die Innentasche auf ein Teil aus Futterstoff. Markieren Sie die mittlere Stepplinie und steppen Sie sie durch beide Lagen.

**5.** Legen Sie beide Futterteile rechts auf rechts aufeinander und schließen Sie auch hier die Kanten, lassen Sie aber an der Unterkante eine Öffnung von 12 cm.

**6.** Bügeln Sie alle Nähte der Taschenteile auseinander. Für die Ecken legen Sie jeweils die Nähte der unteren Kante auf die Naht der seitlichen Kante. Achten Sie darauf, dass Sie die Nahtzugaben der aufgenähten Tasche jeweils auf die Seite falten, auf der sie festgesteppt ist.

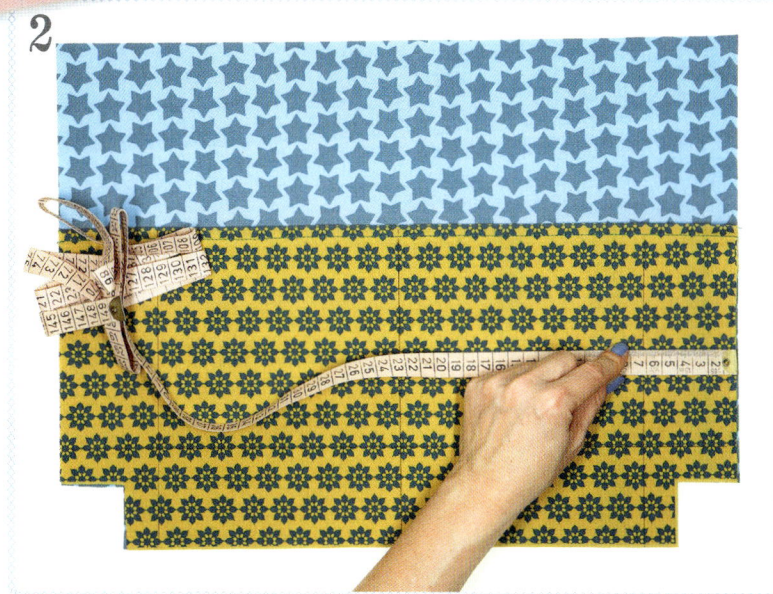

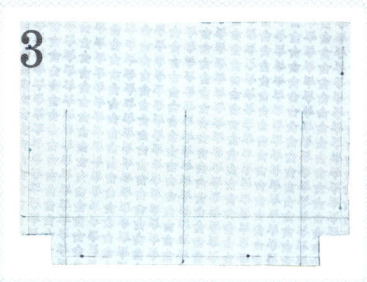

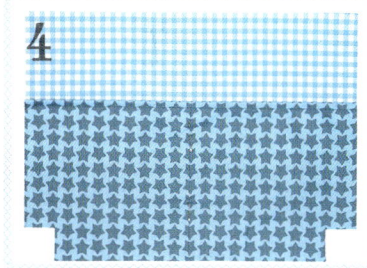

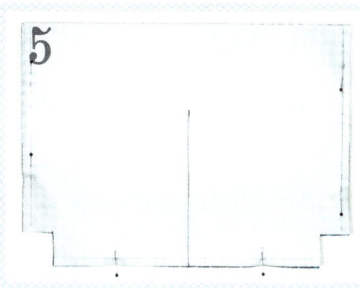

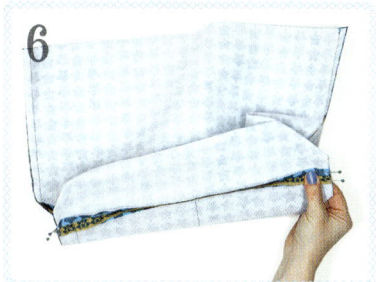

## Weiter gehts

Schließen Sie alle vier Ecken mit einer Geradstichnaht. Bügeln Sie den Streifen aus Bügelvlies mittig auf die Rückseite des Stoffstreifens für den Träger.

**7.** Legen Sie den Stoffstreifen der Länge nach links auf links und schließen Sie die Kante mit einem mittleren Geradstich. Die Nahtzugabe beträgt 1 cm. Schneiden Sie dann die Nahtzugabe auf 3–5 mm zurück.

**8.** Bügeln Sie den Streifen der Länge nach, die Naht liegt dabei in der Mitte des Streifens, die Nahtzugabe liegt außen. Darauf fixieren Sie den Webbandstreifen mittig mit Stylefix. Steppen Sie ihn an den Kanten durch alle Lagen fest. Sie können das mit einem Geradstich, mit mittlerem Zickzackstich oder mit einem anderen Zierstich tun.

**9.** Für die Taschenklappe legen Sie nun die zugeschnittenen und eventuell vorher verzierten Teile aufeinander. Ganz unten liegt der Innenstoff mit der rechten Stoffseite nach unten, darauf das Wattevlies und ganz oben der Außenstoff mit der rechten Seite nach oben. Fixieren Sie die Stofflagen mit Stecknadeln, zeichnen Sie unten die Rundungen an (etwa 8 cm Durchmesser) schneiden Sie sie aus und umranden Sie die Kante mit einem gröberen Zickzackstich.

**10.** Stecken Sie das Schrägband um die Kante und nähen Sie es mit einem Zickzackstich oder mit dem dreigeteilten Zickzackstich fest.

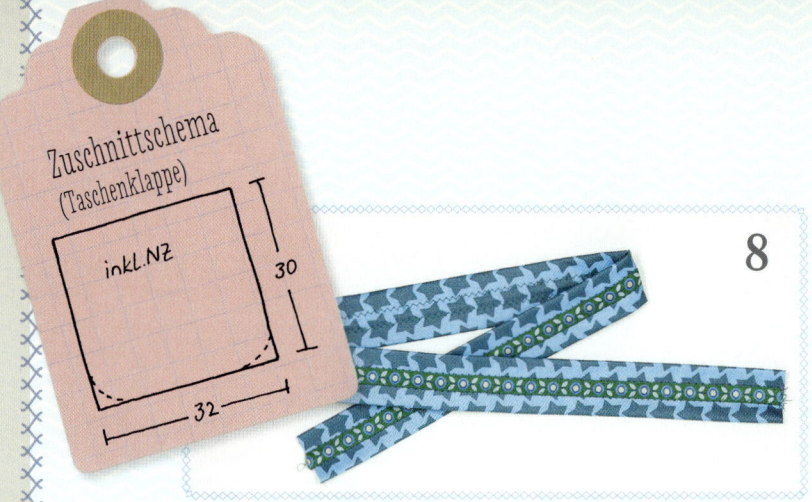

Zuschnittschema (Taschenklappe)

inkl. NZ

30

32

8

9

10

11

12

**11.** Stecken Sie die Trägerenden an die Seitennähte des auf links gedrehten Außenteils. Die Webbandseite des Trägers zeigt zur rechten Stoffseite des Außenstoffs. Vergewissern Sie sich, dass der Träger nicht verdreht ist. Stecken Sie auch die Taschenklappe fest. Die Klappe liegt dabei rechts auf rechts auf der Taschenrückseite (Teil ohne Fronttasche).

**12.** Stecken Sie nun die Futtertasche in die Außentasche, wieder rechts auf rechts. Die Innentasche zeigt zur Taschenklappe. Die Seitennähte von Außentasche und Futtertasche und die Trägermitte liegen aufeinander. Schließen Sie die gesamte obere Kante mit einem Geradstich.

**13.** Wenden Sie die Tasche durch die Wendeöffnung im Taschenfutter. Schließen Sie die Wendeöffnung von Hand oder mit einer schmalen Zickzacknaht.

## MEHR IDEEN

Sie können die Wickeltasche auch als Einkaufstasche oder als Spielzeugtasche für den Kinderwagen nähen. Passen Sie dafür die Trägerlänge so auf Ihren Kinderwagen an, dass sie locker um den Schiebebügel passt, aber auch nicht zu tief herunterhängt. Sie können die Taschenklappe weglassen und stattdessen einen Schlaufenverschluss anbringen. Komplett aus Wachstuch oder glatt beschichtetem Stoff lässt sie sich gut ausschütteln oder abwischen.

# LIEBE IM QUADRAT

Die Patchworkdecke, den süßen Waschlappen und das kuschelige Badetuch verbindet, dass sie ganz einfach aus quadratischen Stoffzuschnitten
zusammenzusetzen sind. Und in alle wird ganz viel Mutterliebe gesteckt!
Sich ähnelnde Schnittprinzipien ergeben diese süße kleine Kollektion
selbst genähter Kostbarkeiten für Ihr Baby.

Schrägband, ca. 120 cm

Frotteehandtuch oder Frotteestoff, 30 x 30 cm

Webband für Schlaufe

# WASCHLAPPEN

Mit diesem Projekt verbindet sich eine allgemeine Anleitung, wie man Schrägband verarbeitet. Hierbei handelt es sich also um ein sehr gutes Übungs-projekt. Nähen Sie doch gleich ein paar mehr, denn Waschlappen hat man nie genug.

Diese Anleitung dürfen Sie sich hinter die Ohren schreiben! Die Technik begegnet Ihnen häufig im Buch.

## So wirds gemacht ♥

**1.** Schneiden Sie ein Quadrat von 30 x 30 cm aus Frotteestoff zu. Zeichnen Sie an den Ecken mithilfe eines Glases (Durchmesser etwa 6–7 cm) Rundungen ein und schneiden Sie sie aus. Ich empfehle, den Lappen gleich mit einem Zickzackstich zu versäubern, weil Sie sonst sehr schnell überall Fusseln haben. Stecken Sie eine Markierungsnadel senkrecht zur Kante und beginnen sie an dieser Stelle, den Schrägbandstreifen festzustecken. Das Band steht nach links genau 1 cm über.

**2.** An den Rundungen muss das Band leicht gedehnt werden, damit es gut anliegt und keine Falten bildet. Wenn Sie das Band einmal komplett um den Lappen herumgelegt und gesteckt haben, schneiden Sie das Ende ab, es steht ebenfalls 1 cm (nach rechts) über die Markierungsnadel über.

**3.** Klappen Sie die Falze des Webbands auseinander und nähen Sie die beiden Enden rechts auf rechts mit je genau 1 cm Nahtzugabe zusammen. Dafür müssen Sie eventuell nochmal eine oder mehrere Nadeln entfernen.

**4.** Bügeln Sie die Nahtzugaben auseinander und die ursprünglichen Falze wieder platt und stecken Sie alles fest.

**5.** Sie können jetzt eine Schlaufe als Aufhänger einschieben und ebenfalls feststecken.

**6.** Nähen Sie alles mit einem mittleren Zickzackstich fest.

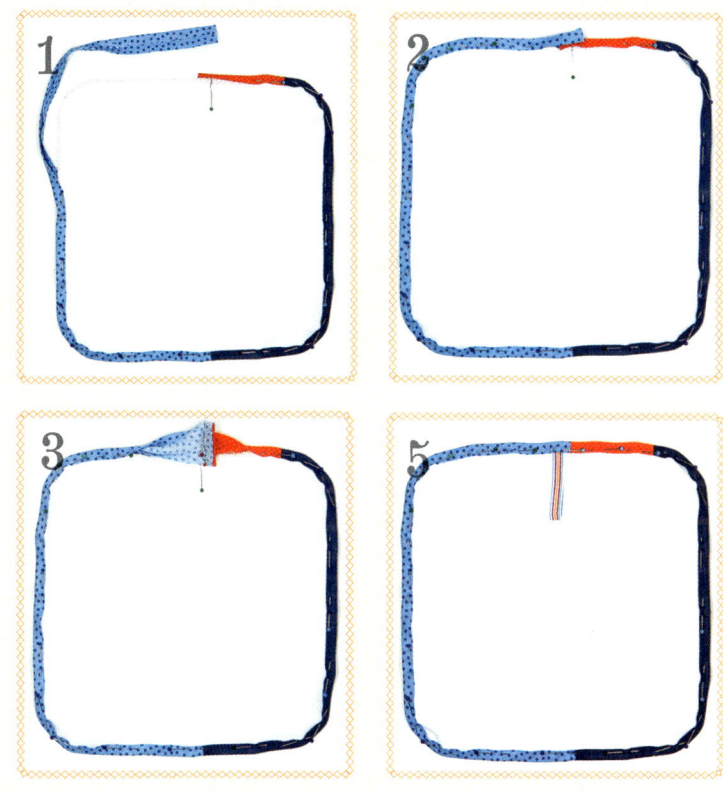

### MEHR IDEEN

Nach dem gleichen Prinzip lässt sich auch schnell ein Schnuffeltuch nähen. Babys finden kleine Schildchen interessant, die sie befühlen und in den Mund nehmen können. Fassen Sie doch einfach ein paar zur Schlaufe gelegte bunte Bändchen mit. Statt des Frotteestoffs können Sie auch einen normalen Baumwollstoff verwenden, beachten Sie dabei, dass er eine ansehnliche Rückseite hat oder legen Sie ihn links auf links doppelt.

Frotteerest, 28 x 28 cm

Schrägband, ca. 320 cm

Schrägband, 45 cm

Frotteestoff, 80 x 80 cm

# BADETUCH MIT KAPUZE

Dieses Badetuch ist schnell genäht, am besten benutzen Sie einfach ein großes Badetuch, das Sie quadratisch zuschneiden. 80 x 80 cm ist dafür ein gutes Maß, aber für etwas größere Kinder darf das Badetuch natürlich größer sein.

Zuschnittschema

28

28

80

inkl. N₂

80

## So wirds gemacht

**1.** Für die Kapuze brauchen Sie ein rechtwinkliges Dreieck mit etwa 28 cm Kantenlänge. Die lange Kante fassen Sie mit dem kürzeren Schrägbandstreifen ein.

**2.** Stecken Sie das Dreieck auf eine Ecke des Quadrats und zeichnen Sie an allen vier Ecken eine Rundung ein. Ein Glas von 8–9 cm Durchmesser hat dafür ein gutes Maß.

**3.** Fassen Sie das gesamte Handtuch mit Schrägband ein, die genaue Anleitung finden Sie auf Seite 99.

Stylefix

Stoff für Tasche, 20 x 45 cm
(bei sehr dünnem Stoff doppelt legen)

Schrägband, ca. 230 cm

Gummiband, 40 cm

Wachstuch, 70 x 45 cm

Oberstoff, 70 x 45 cm

Schrägband, ca. 45 cm

## WICKELUNTERLAGE

Man weiß ja nie, an welchem Ort man spontan eine Windel wechseln muss. Eine Wickelunterlage mit Wachstuchrückseite ist abwaschbar und bietet Platz für eine Ersatzwindel und ein flaches Päckchen Feuchttücher.

### Zuschnittschema

20

14

17

14

45

inkl.NZ

70

## So wirds gemacht

**1.** Schneiden Sie die Stoffstücke laut Materialliste zu und runden Sie bei den großen Teilen jeweils alle Ecken ab, beim Taschenteil die beiden unteren Ecken. Als Schablone für die Rundungen können Sie ein Gefäß mit einem Durchmesser von etwa 8–9 cm verwenden.

**2.** Fassen Sie die lange Kante des Taschenteils mit dem kurzen Schrägband ein und legen Sie alle Stoffteile passend aufeinander. Ganz unten liegt das Wachstuch mit der rechten Stoffseite nach unten, darauf liegt das große Stoffteil mit der rechten Seite nach oben und darauf liegt das Taschenteil, ebenfalls mit der rechten Seite nach oben. Markieren Sie nun die Mitte der einen langen Seite und stecken Sie dort die Enden des zur Schlaufe gelegten Gummibandes etwa 1 cm tief zwischen die beiden Stofflagen. Sie können es mit einem kleinen Stück Stylefix fixieren. Klappen Sie die Schlaufe nach vorne um und nähen Sie mit etwa 5 mm Abstand zum Rand ein paar enge Geradstiche darüber. Fixieren Sie die Stofflagen, indem Sie die Kante rundherum mit einem mittleren Zickzackstich säumen.

**3.** Markieren Sie für die Fächer am Taschenteil zwei Stepplinien mit je 14 cm Abstand vom Rand und steppen Sie diese durch alle drei Stofflagen mit mittlerem Geradstich. Fassen Sie nun die gesamte Kante mit dem Schrägband ein. Nun müssen Sie nur noch die Fächer bestücken und die Unterlage zusammenlegen wie auf den Bildern zu sehen.

TIPP
Sie können diese Unterlage natürlich alternativ auch ohne die Fächer und ohne den Gummiverschluss nähen und einfach zusammengefaltet in Ihrer Wickeltasche (Seite 92–95) transportieren.

Schrägband, ca. 350 cm

Vliesofix

Stylefix

passender Stoffrest für Katze

Kopiervorlage „Katze" 290 %

Garn oder Schnur für Schnurrhaare

Stoff für Rückseite, 86 x 86 cm

Kordelrest

9 Stoffquadrate, je 30 x 30 cm

# 🍄 PATCHWORKDECKE

Eine Patchworkdecke ist immer ein
willkommenes Geschenk. Und das besonders
Schöne daran ist, dass Sie sie genauso
gestalten können, wie Sie möchten
oder wie sie dem Glückskind, das
sie bekommt, am besten gefällt.

## So wirds gemacht

**1.** Die Decke besteht aus 9 Quadraten und jedes einzelne davon können Sie gestalten wie Sie es möchten. So können Sie die Decke kunterbunt und wild gemustert, Ton in Ton oder sogar einfarbig nähen. Sie können die einzelnen Quadrate aus verschiedenen Stoffstücken patchen oder nach dem Zuschneiden individuell gestalten, indem Sie z. B. Motive aufsticken, Namen oder gute Wünsche aufstempeln oder Figuren applizieren. Weitere Ideen hierfür sehen Sie ab Seite 121.

### Katze

**2.** Bügeln Sie Vliesofix auf die Rückseite des Stoffs für die Katze und schneiden Sie die Katzenform aus. Legen Sie die ausgeschnittene Katze kantenbündig auf ein Stoffquadrat und zeichnen Sie den Umriss auf.

**3.** Kleben Sie zwei kurze Stylefixstreifen auf Höhe der Schnurrhaare innerhalb der Umrissmarkierung und kleben Sie ein paar Schnüre (etwa 25 cm lang) fest. Für den Katzenschwanz kleben Sie ein Stück Kordel fest, halten Sie dafür einen Abstand von 2 cm zur unteren Kante ein.

**4.** Fixieren Sie die Schnüre mit ein paar engen Geradstichen und bügeln Sie die Katzenform passend auf. Steppen Sie sie mit mehreren Runden engem Geradstich fest.

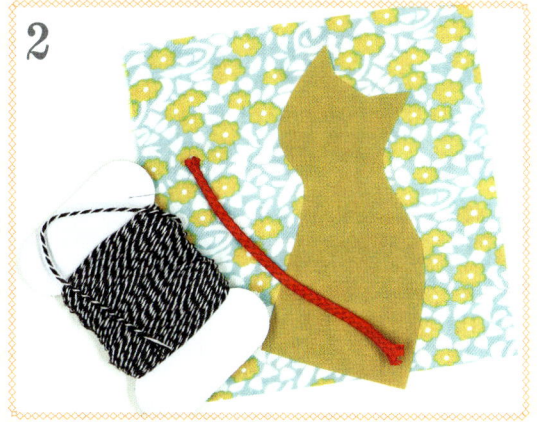

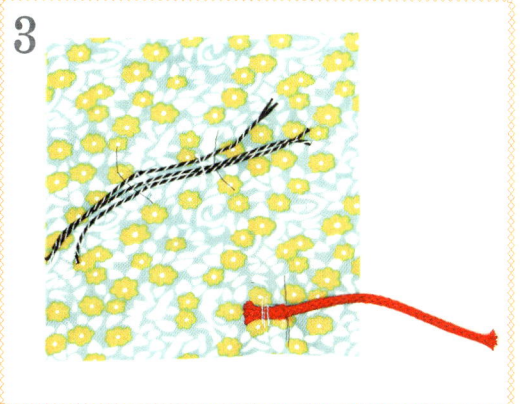

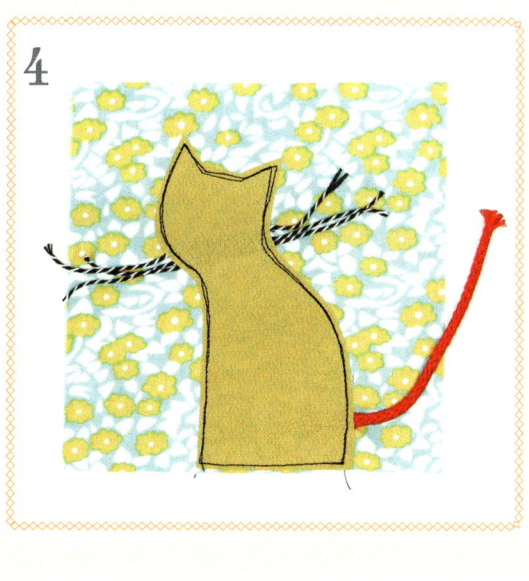

# Weiter gehts

### Decke

**5.** Wenn Sie die 9 Stoffquadrate zuge-schnitten und eventuell gepatcht oder verziert haben, geht es ans Stoffe puzzeln. Am besten legen Sie alles auf den Fußboden und probieren so lange, bis Sie die schönste Anordnung gefunden haben.

**6.** Nähen Sie zunächst je 3 Quadrate zu senkrechten Streifen zusammen und bügeln Sie die Nahtzugaben auseinander.

**7.** Dann nähen Sie die drei Streifen zu einem Quadrat zusammen und bügeln Sie auch hier wieder die Naht-zugaben auseinander.

**8.** Legen Sie den Stoff für die Rückseite mit der rechten Stoffseite nach unten auf den Boden, darauf legen Sie links auf links die Deckenoberseite und streichen Sie alles von der Mitte aus glatt. Stecken Sie die Stofflagen auf-einander, dabei sollten Sie auch an den Nähten entlang viele Nadeln stecken, damit beim Zusammennähen keine Falten entstehen. Steppen Sie entlang der Nähte zwischen den neun Quadraten. Sie können auch zusätzlich noch mehr Steppnähte anlegen. Zeich-nen Sie mithilfe eines Tellers Rundun-gen an den Ecken ein und schneiden Sie sie aus. Etwa 15 cm Durchmesser sind ein gutes Maß.

**9.** Umrunden Sie die Decke einmal mit einem großen Zickzackstich oder mit einer Overlocknaht. Jetzt müssen Sie nur noch die Decke mit dem Schrägband einfassen, die genaue Anleitung hierfür steht auf Seite 99.

Ihre ganz individuellen Kissen nähen Sie, wenn Sie die Stofffläche mit einem Patchwork, mit appliziertem Namen oder einem Bild vorbereiten. Viele Ideen dazu ab Seite 121.

ggf. Holzstab, 65 cm

Stylefix

7 Rechtecke, je 25 x 20 cm

Stoff für die Rückseite, 58 x 66 cm

Klettband, 3 cm; Knopf

2 x Stoff für die Tür 13 x 18 cm

Bügelvlies

Schablonen und Stoffreste für die Maus 100 %, die Katze 200 % und die Wolke 125 %

2 Streifen, je 7 x 48 cm und 2 Streifen, je 7 x 66 cm

Kordel für die Schwänze und 8 cm Gummikordel für die Tür

ggf. Band für die Aufhängung, 3 x 11 cm

# VERSPIELTER WANDBEHANG

Was gibt es nicht alles zu entdecken auf dieser Decke! Unsere alten Freunde Katz und Maus sind ganz gespannt, was sich wohl hinter der Tür mit dem Herz verbirgt. Und während sie noch grübeln, beginnt es leise zu regnen und ein Regenbogen erscheint. Wow!

## So wirds gemacht

Zuerst werden die Einzelteile genäht, die später am Wandbehang befestigt werden.

### Maus

**1.** Für die Maus bügeln Sie ein festes Bügelvlies auf die halbe Stoffrückseite. Zeichnen Sie mit der Mausschablone (100 %) den Umriss auf, zeichnen Sie an der Unterkante eine Wendeöffnung ein. Drehen Sie den Stoff um und halten Sie ihn gegen das Licht. Markieren Sie mittig im Mausekörper eine Stelle für den Klettverschluss und die Höhe für den Schwanz.

**2.** Fixieren Sie das Klettband auf der rechten Stoffseite mit Stylefix und nähen Sie es rundherum fest. Fixieren Sie das Kordelende für den Schwanz auf der Nahtzugabe.

**3.** Klappen Sie die zweite Stoffhälfte rechts auf rechts darüber, stecken Sie alles fest und kontrollieren Sie, dass die Kordel innerhalb der Nahtlinie liegt und aus der Wendeöffnung herausschaut. Nähen Sie den Umriss mit einem engen Geradstich. Schneiden Sie die Rundungen ein.

**4.** Wenden Sie die Figur und malen oder sticken Sie ein Gesicht auf. Bügeln Sie alles flach. Schließen Sie die Wendeöffnung von Hand.

### Katze

**5.** Für die Katze markieren Sie die Umrisslinie der Kopiervorlage (200 %) auf eine Stoffhälfte, markieren Sie die Position für den Schwanz und befestigen Sie die Kordel dafür mit Stylefix. Legen Sie die zweite Stoffhälfte rechts auf rechts darauf.

**6.** Umrunden Sie die Umrisslinie mit engem Geradstich, lassen Sie dabei die Wendeöffnung offen und achten Sie darauf, dass Sie die Kordel nur am Ansatz mitfassen. Schneiden Sie die Rundungen ein. Wenden Sie die Katze, malen oder sticken Sie ein Gesicht auf, füllen Sie sie dünn mit Füllwatte und schließen Sie die Wendeöffnung von Hand.

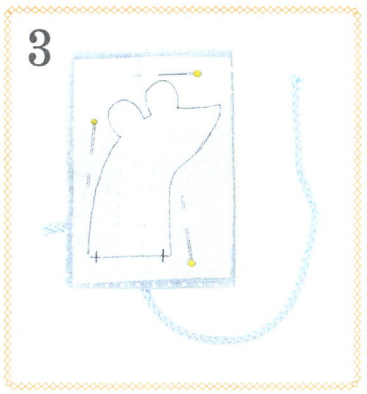

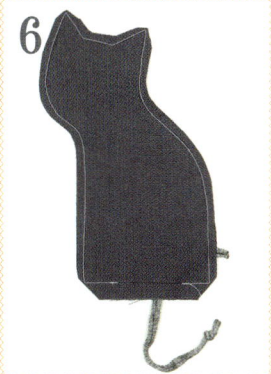

# Weiter gehts

### Die Tür

**7.** Für den Verschluss der Tür legen Sie die Gummikordel zur Schlaufe und befestigen Sie sie mit einem Stück Stylefix etwas oberhalb der Mitte des einen Tür-Stoffrechtecks. Die Kordelenden stehen dabei 1 cm über die Nahtzugabe heraus. Wenn Sie möchten, können Sie auch noch ein Motiv, eine Hausnummer oder ein Namensschild aufnähen.

**8.** Legen Sie das zweite Rechteck rechts auf rechts darauf und nähen Sie die beiden kurzen Kanten und die rechte Kante mit einer durchgehenden Geradstichnaht ab.

**9.** Schrägen Sie die Ecken ab, wenden und bügeln Sie die Tür und steppen Sie die Kanten füßchenbreit ab.

### Der Hintergrund

**10.** Für die Fläche des Wandbehangs stellen Sie die sechs Rechtecke nach Wunsch zusammen. Das siebte Rechteck für die Tasche bügeln Sie mittig und positionieren es auf dem rechten unteren Rechteck. Die offene Kante liegt dabei auf dem Stoffrand.

**11.** Zuerst nähen Sie zwei Streifen aus je drei untereinander liegenden Rechtecken. Bügeln Sie die Nahtzugaben auseinander und nähen Sie die beiden Streifen aneinander. Fassen Sie dabei die Tasche an der Mittelnaht mit. Bügeln Sie wieder die Nahtzugaben flach.

## MEHR IDEEN

Sie können nach der gleichen Anleitung auch eine Spieldecke anfertigen, dafür lassen Sie die Schlaufen für die Aufhängung weg und vergrößern Sie alle Maße nach Bedarf. Auch als Kissen lässt sich die Anleitung abwandeln, dafür sollten Sie das 7. Rechteck für die Tasche höher zuschneiden, damit die Katze später nicht so leicht herausfallen kann.

## Zusammensetzen

**12.** Bügeln Sie ein Stück doppelseitiges Klebevlies (z. B. Vliesofix) auf die Rückseite des Stoffs für die Wolke und schneiden Sie die Wolke mittels der Schablone aus. Ziehen Sie das Trägerpapier ab, positionieren Sie die Wolke und bügeln Sie sie auf. Sie können auch noch ein paar bunte, gerissene Stoffstreifen als Regenbogen zwischen Wolke und Hintergrund legen und mitbügeln. Steppen Sie die Wolke mit einigen engen Geradstichrunden fest.

**13.** Nähen Sie nun oben und unten die kürzeren Stoffstreifen an, bügeln Sie die Nahtzugaben flach. Als nächstes positionieren Sie die Tür und stecken Sie sie fest. Legen Sie das Ende des Mauseschwanzes zwischen Tür und Hintergrund, lassen Sie es dabei etwa 1 cm überstehen und befestigen Sie es mit Stylefix. Wählen Sie eine Stelle, an der die Maus hinter der Tür versteckt ist, und markieren Sie die Position für den zweiten Teil des Klettbands. Nähen Sie es fest und kletten Sie die Maus dort an.

**14.** Nähen Sie rechts und links die beiden langen Stoffstreifen fest und bügeln Sie die Nahtzugaben auseinander. Legen Sie das fertige Vorderteil links auf links auf den Rückseitenstoff und markieren und schneiden Sie jeweils eine Rundung an den Ecken, benutzen Sie als Schablone z. B. einen runden Deckel mit etwa 8–9 cm Durchmesser.

**15.** Stecken Sie beide Lagen aufeinander und fixieren Sie sie durch eine Zickzacknaht.

## Für einen Wandbehang

**16.** Für eine Aufhängung legen Sie auf der Rückseite drei gleichlange Webbandstreifen zur Schlaufe und fassen Sie die Enden in der Zickzacknaht mit. Zuletzt fassen Sie den gesamten Wandbehang mit dem Schrägband ein, die genaue Anleitung hierfür finden Sie auf Seite 99. Schieben Sie den Holzstab durch die drei Schlaufen an der Oberkante und hängen ihn auf.

# SCHÜRZEN & LÄTZCHEN

Wir lieben sie doch, diese kleinen Kleckermäulchen, die ihre
Nahrung mit dem ganzen Gesicht genießen. Was Mamas aber gar
nicht lieben, sind verkleckerte Shirts und Bodys. Trotzem soll das
Baby natürlich hübsch aussehen. Die Lösung? Selbst genähte
Lätzchen und Schürzen, die nicht nur die Kleidung vor
Essen und Spucke schützen, sondern auch kleidsam
und niedlich sind.

Wachstuchrest für die Tasche

Beschichtete Baumwolle oder Wachstuch (wahlweise normaler Baumwollstoff), 55 x 60 cm

2 KAM Snaps

Kopiervorlage „Tasche" 100 %

Kopiervorlage „Schürze" 200 %

Schrägbandrest für obere Taschenkante

Schrägband, ca. 280 cm

Siehe Seite 99 für die Schrägband-Anleitung!

# SCHÜRZE

Nicht nur kleine Mädchen sehen in so einer herrlich nostalgischen Schürze süß aus! Sie ist auch was für Jungs; praktisch ist sie noch dazu! Aus Wachstuch genäht, schützt sie die Kleidung vor Teig oder Farbe, aus Stoff genäht, geht sie auch als Überkleidchen durch.

## So wirds gemacht

**1.** Schneiden Sie Schürze und Tasche im Stoffbruch zu. Sie brauchen keine Nahtzugabe, da die Schürze mit Schrägband eingefasst wird. Säumen Sie die obere Taschenkante mit dem kurzen Schrägbandstreifen, das Band soll dabei jeweils etwa 1 cm überstehen. (Wenn Sie die Schürze aus normalem Stoff nähen, schneiden Sie sie dafür zweimal zu, legen Sie sie rechts auf rechts und steppen Sie die gesamte Rundung ab. Wenden Sie sie, bügeln Sie sie flach und nähen Sie das Schrägband an die obere Kante.) Platzieren Sie die Tasche mittig, etwa 8 cm von der unteren Kante, auf dem Schürzenteil. Die beiden rechten Stoffseiten liegen oben. Fixieren Sie sie mit etwas Masking-Tape oder Kreppklebeband (bei „normalem" Stoff mit Stecknadeln). Klappen Sie den überstehenden Schrägbandstreifen an der Kante nach hinten um.

**2.** Nähen Sie die Tasche mit dreigeteiltem Zickzackstich oder mit großem Zickzackstich fest, entfernen Sie dabei jeweils das Klebeband, bevor Sie die jeweilige Stelle nähen. Stecken Sie das Schrägband für die Umsäumung fest und befestigen Sie es mit einem kleinen Zickzackstich.

**3.** Jetzt müssen Sie nur noch die KAM Snaps befestigen und die Schürze über Kreuz knöpfen.

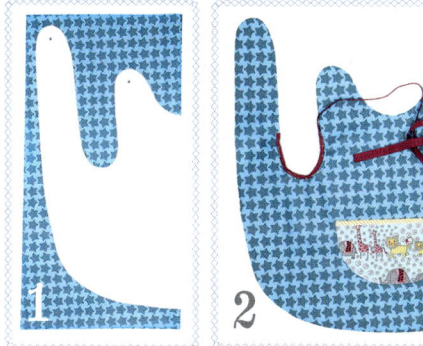

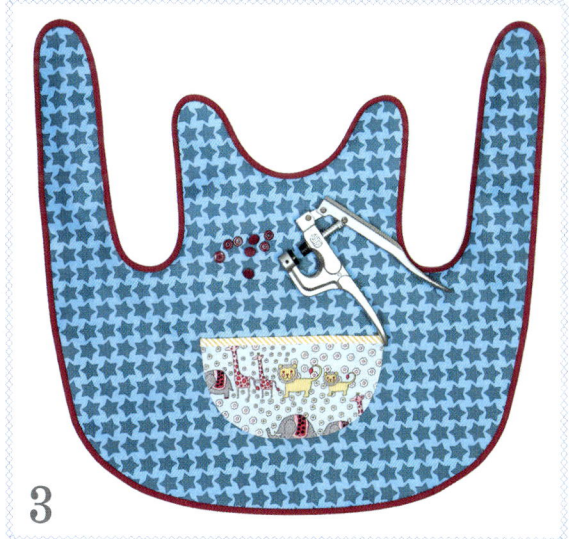

Wachstuch oder beschichtete Baumwolle, 30 x 30 cm

KAM Snap für Schlabberlatz

## WEM PASSTS?

Das Lätzchen passt am besten für Babys bis 9 Monate je nach Größe – Halsumfang etwa 26 cm.

Schrägband, ca. 140 cm

Kopiervorlage „Latz" 141 %

# SCHLABBERLATZ

In klassisch-modernem Schnitt und aus Ihrem Lieblingsstoff genäht, wird dieses Teil der Gewinner der Herzen. Nähen Sie gleich einen ganzen Satz oder ein farblich passendes Set als Geschenk für andere Mamas. Lätzchen hat man definitiv nie genug!

## So wirds gemacht

**1.** Schneiden Sie den Latz im Stoff-bruch zu. Sie brauchen keine Nahtzu-gabe, da der Latz mit Schrägband ein-gefasst wird.

**2.** Stecken Sie das Schrägband um den gesamten Latz (Anleitung auf Seite 99) und nähen Sie es mit einem mittleren Zickzackstich fest.

### Für den Schlabberlatz

**3.** Für den Schlabberlatz befestigen Sie ein KAM Snap, die Position entnehmen Sie der Kopiervorlage.

### Für den Nudellatz

**3.** Der Nudellatz wird nach einem eigenen Schnitt, aber nach dem glei-chen Prinzip wie der Schlabberlatz genäht, er braucht keine KAM Snaps, denn er wird einfach im Nacken ge-knotet. Dafür sind die oberen Enden im Schnittmuster extra lang.

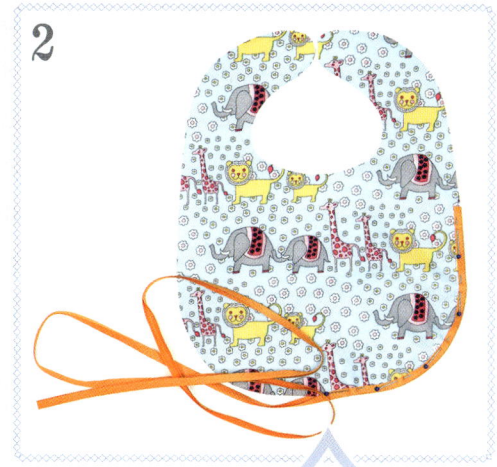

2

# NUDELLATZ

Größere Kinder wehren sich oft, wenn man ihnen einen Schlabberlatz anziehen möchte. Nähen Sie doch einfach ein paar Nudellätze für Große, die bei Klecker-essen dann einfach die ganze Familie trägt. Und wenn Sie dann auch noch für jeden einen passenden Stoff auswählen (oder das Kind selbst aussuchen lassen), gibt es bestimmt keine Gegenwehr!

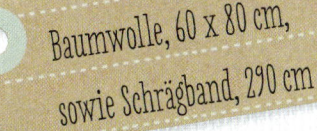

Baumwolle, 60 x 80 cm, sowie Schrägband, 290 cm

Kopiervorlage „Nudellatz" 200 %

Baumwollstoff, ca. 40 x 25 cm

Frotteestoff oder Gästehandtuch, ca. 40 x 25 cm

KAM Snap

Kopiervorlage „Halstuch" 100 %

Schrägband, ca. 105 cm

Rest Bügelvlies

# HALSTUCH

Wenn die ersten Zähne kommen, kommt meistens auch eine Menge Sabber. Damit man nicht ständig den Pullover wechseln muss, ist ein Halstuch aus Frottee ein gutes Helferlein. Und wenn Sie die entsprechenden Farben wählen, kann es dazu noch ein Modeaccessoire sein.

1

## So wirds gemacht

**1.** Schneiden Sie das Tuch doppelt zu, am einfachsten (und am genauesten) ist es, wenn Sie die beiden Stoffe links auf links aufeinander legen, die Kopiervorlage auflegen und den Umriss aufzeichnen und dann alles zusammen ausschneiden. Stecken Sie die langen Kanten aufeinander. Klappen Sie jeweils die Stoffe an der Rundung auseinander, bügeln Sie einen Rest Bügelvlies auf die Enden und stecken Sie sie aufeinander.

### Halstuch mit Schrägband

**2.** Stecken Sie das Schrägband (wie auf Seite 99 beschrieben) um das ganze Tuch herum und nähen Sie es mit einem mittleren Zickzackstich fest. Befestigen Sie die KAM Snaps an beiden Enden.

### Halstuch ohne Schrägband

**2.** Sie können das Tuch auch ohne Schrägbandeinfassung nähen, dafür legen Sie die Stoffe rechts auf rechts und schneiden Sie sie mit zusätzlicher Nahtzugabe (1 cm) zu. Bügeln Sie auch hier ein Stück Bügelvlies als Stabilisierung der KAM Snaps auf die Enden. Nähen Sie die Teile mit mittlerem Geradstich zusammen, lassen Sie dabei eine Wendeöffnung von 8 cm offen und schneiden Sie die Rundungen ein. Wenden Sie das Tuch und schließen Sie die Öffnung von Hand. Bügeln Sie die Kanten und befestigen Sie die KAM Snaps an den beiden Enden.

# HALSTUCH OHNE SCHRÄGBANDEINFASSUNG

Die ein bisschen feinere Variante des Halstuchs kommt ohne kontrastierende Einfassung daher und wird stattdessen gewendet. Aus edlem Stoff oder vielleicht einer alten Krawatte genäht, entsteht ein niedlicher Kragen, wenn Sie das Schnittmuster etwas variieren. Vielleicht sind Sie ganz mutig und versuchen einen Bubikragen zum Umknöpfen?

# Verzieren & Individualisieren

Verzieren und Schmücken macht am meisten Spaß, das wissen wir von Geburtstagen, Weihnachten und anderen Freudenfesten. Und warum sollte es beim kreativen Nähen anders sein? Der große Vorteil von Selbstgemachtem ist, dass es wunschgenau angefertigt und ganz auf Ihren Geschmack zugeschnitten werden kann. Eine individuelle Verzierung ist wie eine Widmung. Lassen Sie sich von den folgenden Beispielen inspirieren.

Bügelvlies

Ausreißvlies

evtl. Kordel oder Webband

Stoffreste

# APPLIKATIONEN

Durch selbst gemachte Applikationen kann man ein besonderes, selbst genähtes Stück noch besonderer machen. Aus Zierelementen oder zugeschnittenen Formen entstehen ansprechend plastische Effekte. Mit den richtigen Hilfsmitteln und Schätzen aus Ihrer Stoffsammlung ist eine Applikation schnell gemacht.

## So wirds gemacht

Mit doppelseitigem Bügelvlies (z. B. Vliesofix) lassen sich Motive schnell und einfach fixieren.

**1.** Bügeln Sie ein Stück Bügelvlies auf die Rückseite des Stoffs, den Sie aufnähen wollen. Schneiden Sie dann das vorgezeichnete Motiv aus. .

**2.** Entfernen Sie das Trägerpapier und bügeln Sie die Applikation auf den ausgesuchten Stoff. Befestigen Sie sie zusätzlich mit einer oder mehreren Geradstichnähten oder mit einer schmalen Zickzacknaht.

2

## So wirds gemacht

Sie können auch fertige Motive aus bedruckten Stoffen applizieren, die Sie ebenfalls mit Bügelvlies befestigen.

**1.** Wenn Sie einen leichteren Stoff verwenden, sollten Sie ein Ausreißvlies hinter den Stoff legen, bevor Sie die Applikation aufnähen.

**2.** Das Vlies wird nach dem Nähen einfach weggerissen und bewirkt, dass sich der Stoff durch die Nähte nicht verzieht.

**3.** Bei den Applikationen können Sie auch gut kleine Labels oder Kordeln mitfassen, dafür legen Sie sie einfach an der entsprechenden Stelle zwischen die Stofflagen.

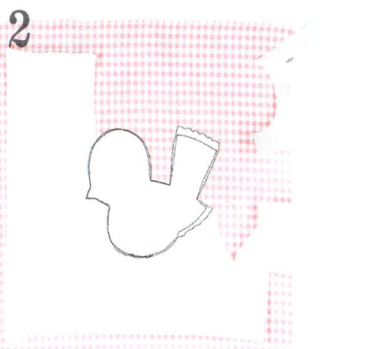

Ausreißvlies

Trickmarker

Unterlage zum Verzieren

# STICKEREI MIT DER NÄHMASCHINE

Man braucht nicht unbedingt eine Stickmaschine, um Bilder auf Stoff zu sticken. Mit etwas Geduld und bei einfacheren Formen klappt das auch mit einer normalen Nähmaschine.

## TIPP

Solche Linienstickereien lassen sich natürlich auch von Hand machen. Dafür spannen Sie den Stoff am besten in einen Stickrahmen ein.

## So wirds gemacht

**1.** Zeichnen Sie die Formen, die Sie sticken möchten mit einem Trickmarker oder einem hitzeempfindlichen Stift auf die rechte Stoffseite vor. Sie können dafür eine Schablone verwenden oder auch frei Hand zeichnen.

**2.** Legen Sie ein Stück festes Ausreißvlies auf die Stoffrückseite und stecken Sie es mit ein paar Stecknadeln fest. Das Vlies verhindert, dass der Stoff sich durch die Stickerei zusammenzieht. Nähen Sie nun die vorgezeichneten Linien mit engem Geradstich nach. Versuchen Sie, die Umrisslinien möglichst in einem Schritt zu nähen, ohne den Faden abschneiden und neu ansetzen zu müssen. Verwenden Sie ruhig Vor- und Rückstiche und nähen Sie die Linien mehrmals. Dabei stört es nicht, wenn die einzelnen Nähte nicht genau übereinander liegen, Sie können sie sogar bewusst leicht versetzt nähen. Bei sehr kurzen Nähten, wie z. B. bei den Augen empfiehlt es sich, die Fäden nicht knapp abzuschneiden, sondern auf die Rückseite durchzuziehen und dort miteinander zu verknoten. Vor dem Weiterverarbeiten des bestickten Stoffs reißen Sie vorsichtig das Vlies auf der Rückseite ab, es ist an den Nähten wie perforiert und lässt sich deswegen recht gut entfernen.

Freezer-Paper

Obst oder Gemüse, z. B. Äpfel,
Kartoffeln oder Sternfrucht

Stoffmalfarbe und Pinsel

# STOFFDRUCK

Stoffdruck liefert eindrucksvolle Ergebnisse
mit satter Farbwirkung! Jedes Motiv
oder Muster ist denkbar, und es gibt
unzählige verschiedene Techniken.
Entdecken Sie die Vielfalt und
experimentieren Sie nach
Lust und Laune.

## So wirds gemacht

### Stempeldruck mit Obst und Gemüse

Die einfachste Methode ist der Stoff-druck mit Obst oder Gemüse. Sie brauchen dafür einen Stempel, den Sie entweder durch einfaches Durch-schneiden der Frucht herstellen oder durch Schnitzen einer Form wie beim Kartoffeldruck aus der Kindheit. Bei allen Druckmethoden ist es hilf-reich, sich den Stoff auf Wachspapier aufzubügeln. In den USA gibt es das Freezer-Paper im Supermarkt, aber die Papierverpackungen von Kopierpa-pier sind genauso gut geeignet. Dabei wird die glänzende, wachsige Seite des Papiers bei mittlerer Temperatur auf die Stoffrückseite gebügelt. Das Papier kann nach dem Bedrucken rückstands-los wieder abgezogen werden und lässt sich sogar mehrfach verwenden. Pro-bieren Sie es vorsichtshalber zuerst an einem Reststück aus. Zum Bedrucken nehmen Sie am besten pastöse Stoff-malfarbe, die Sie mit dem Pinsel auf den Druckstock auftragen. Die Farbmenge testen Sie auf einem Stoffrest.

## Mehr Ideen

Probieren Sie herum! Auch mit anderen Materialien lassen sich interessante Strukturen herstellen. Spielen Sie mit Pappe, Luftpolsterfolie, Knöpfen, Deckeln oder Holz, selbst mit den Radiergummis am Bleistiftende lässt sich drucken. Improvisieren Sie auf alten, einfarbigen Betttüchern und suchen Sie Ausschnitte zum Weiterverarbeiten aus. Testen Sie auch unterschiedliche Stoffe! Manche Oberflächen sind besser geeignet als andere. Alte Stoffe, die oft gemangelt wurden, sind zum Beispiel oft sehr glatt und bieten einen idealen Druckuntergrund.

# Weiter gehts

## *Stoffdruck mit fertigen Stempeln (1)*

Auch mit fertigen Stempeln lassen sich schöne Effekte erzielen. Es gibt Stempelkissen zu kaufen, die spezielle Stofffarbe enthalten und im Nu haben Sie einen Spruch, einen kleinen Gruß oder einen Namen gedruckt. Ich empfehle immer, nicht auf fertig genähte Stücke zu drucken, denn nicht jedes Ergebnis fällt nach Wunsch aus und schnell haben sich Schreibfehler eingeschlichen, die sich dann nicht mehr korrigieren lassen. Außerdem geht man etwas unbefangener und lockerer an die Sache heran, wenn man noch testen und ausprobieren kann – und diese Ergebnisse sind dann oft die besten!

## *Stoffdruck mit selbst gemachten Stempeln (2)*

Mit Linolbesteck und Radiergummis lassen sich auch eigene Stempel schnitzen. Das Internet bietet dazu viele Anleitungen, aber auch hier ist Ausprobieren der beste Weg! Sie können sich Ihre Form auf dem Radiergummi vorzeichnen – beachten Sie, dass das gedruckte Bild später spiegelverkehrt erscheint. Die Stempelfarbe tragen Sie am besten auf, indem Sie sie mit dem Stempelkissen auftupfen (also nicht den Stempel auf das Kissen drücken, sondern umgekehrt). Oft sind die ersten Drucke noch sehr blass und werden immer intensiver, je öfter der Stempel benutzt wird.

**1**

Stempelkissen mit Stofffarbe, fertige Stempel

SCHLAF GUT
SCHLAF GUT

SCHLAF GUT

MY BABY

KAFFEEPAUSE

**2**

Schnitzwerkzeug

Druckstock, z. B. Radiergummi, Stempelkissen mit Stofffarbe

## Stoffdruck mit Schablone

Das auf Seite 127 beschriebene Freezer-Paper (oder Kopierpapierverpackung) lässt sich auch noch anders verwenden – und zwar zum Herstellen von Schablonen!

**1.** Zeichnen Sie die Form, die Sie drucken möchten, auf der rauen Papierseite auf.

**2.** Schneiden Sie die Form mit einem Cutter oder einer kleinen Schere aus.

**3.** Bügeln Sie die Schablone bei mittlerer Temperatur auf Ihren Stoff, lassen Sie beides kurz abkühlen und malen Sie dann die leere Fläche mit der Stoffmalfarbe aus. Streichen Sie den Pinsel möglichst vom Papier aus über den Stoff und nicht umgekehrt, damit keine Farbe unter die Schablone laufen kann.

**4.** Lassen Sie die Farbe trocknen und lösen Sie die Papierschablone vorsichtig ab. Mit etwas Glück und Fingerspitzengefühl kann man sie sogar wiederverwenden. Fixieren Sie die Stoffmalfarbe nach der jeweiligen Anleitung.

### TIPP

Auch mit Stoffmalstiften kann man Stoffe verschönern, und das Ergebnis kann sich oft sehen lassen! Lassen Sie doch mal Ihr großes Kind auf Stoff malen! Wenn Sie den Stoff vorher auf Freezer-Paper aufgebügelt haben, lässt es sich malen wie auf Papier, weil sich nichts verziehen kann.

Stoffreste in verschiedenen Größen

# PATCHWORKTECHNIK

Es gibt viele verschiedene Patchworktechniken; Viele Muster haben sogar eigene Namen! Allen gemeinsam ist, dass sie aus vielen kleinen Stoffstücken zusammengesetzt sind. Patchwork ist eine wunderbare Möglichkeit, viele verschiedene Stoffmuster in einem Stück zu vereinen. Ich mag Patchwork sehr gerne, wenn es ungleichmäßig ist, denn so kommen auch winzigste Stückchen der gehüteten Lieblingsstoffe gut zur Geltung. Außerdem braucht man nicht viel Vorbereitung und kann direkt loslegen.

## So wirds gemacht

**1.** Suchen Sie sich die Stoffe aus, die für Sie infrage kommen. Wühlen Sie dafür ruhig in Ihrer Restekiste! Auch sehr kleine Stoffstücke können zum Einsatz kommen. Sortieren Sie die Stoffstreifen grob nach der Höhe, meist reicht eine Einteilung in „groß", „mittel", „klein". Größere Stücke können Sie einfach durchschneiden, auch eine Streifenbreite von nur etwa 3 cm sieht am Ende hübsch aus. Die Streifen dürfen auch stark unterschiedliche Breiten haben. Sie werden recht schnell ein Gefühl dafür bekommen, was gut passt.

**2.** Legen Sie die Stoffstreifen in eine Reihenfolge, die Ihnen gefällt und nähen Sie sie mit einem mittleren Geradstich zusammen. Die Nahtzugabe sollte 0,7–1 cm betragen. Legen Sie die Streifen an der oberen Kante bündig, wenn sich unten ein unregelmäßiger Rand ergibt, ist das kein Problem.

**3.** Bügeln Sie nun alle Nahtzugaben auseinander und schneiden Sie die Kanten der Streifen gerade. Das geht am besten mit einem Schneidlineal und dem Rollschneider, aber Sie können auch die Linien einzeichnen und dann den Stoff mit der Schere abschneiden. Bringen Sie die Stoffstreifen ungefähr auf die gleiche Breite, dafür können Sie, wo es nötig ist, noch ein Stück ansetzen oder auch etwas abschneiden.

**4.** Als nächstes legen Sie die Streifen zu einer Fläche zusammen. Sie können sie direkt aneinandersetzen oder auch einzelne schmale Stoffstreifen dazwischen setzen.

## Weiter gehts

**5.** Nähen Sie die Stoffstreifen aneinander und bügeln Sie die Nahtzugaben auseinander. Sie haben jetzt ein großes, gepatchtes Stoffstück vor sich.

**6.** Damit das Patchwork schön kleinteilig wird, können Sie einfach den gepatchten Stoff noch mal quer durchschneiden.

**7.** Drehen Sie jeden zweiten Streifen um 180 Grad, verändern Sie eventuell die Reihenfolge und nähen Sie die Teile wieder aneinander.

**8.** Diese Schritte können Sie mehrmals wiederholen, Sie können auch noch mal einen schmalen Streifen einsetzen, bis sich eine schöne Mischung von größeren und ganz kleinen Feldern ergeben hat. Es gibt kein Richtig oder Falsch, Sie sehen schon selbst, wann es genug ist. Bügeln Sie am Ende alles glatt. Sie haben nun einen eigenen Stoff hergestellt, den Sie wie jeden anderen Stoff weiterverarbeiten können.

### Mehr Ideen

Sie können Ihren Patchworkstoff im Ganzen z. B. für eine Kissenhülle verwenden oder bei entsprechender Größe sogar eine Decke daraus machen. Sie können ihn aber auch in Stücken weiterverarbeiten und mit größeren ungepatchten Stoffstücken und natürlich mit eigenen Stoffbildern kombinieren, die Sie gestickt, gedruckt oder gemalt haben.

In diesem Kapitel finden Sie zahlreiche Bildbeispiele für die Weiterverarbeitung, und auch die meisten Projekte der anderen Kapitel können mit Ihrem selbst gepatchten Stoff genäht werden. Vor allem Heft- oder Buchhüllen, Kissen und Taschen werden dadurch zu ganz besonderen Stücken.

# EINKAUFSTIPPS

Zum Stoff- und Materialeinkauf nutze ich selbst meistens das Internet. Aber auch auf Stoffmärkten und natürlich auf Flohmärkten wird man fündig. Im Internet kann man auf den Selbermacher-Plattformen Etsy und Dawanda stundenlang stöbern und sehr schöne und ausgefallene Materialien finden. Dabei lohnen sich Preisvergleiche, denn trotz höherer Portokosten sind oft die Angebote aus den USA oder aus Asien immer noch wesentlich günstiger. Beachten Sie dabei aber auch eventuell anfallende Zollgebühren und die längeren Lieferzeiten. Vielleicht gibt es auch in Ihrer Stadt tolle Vor-Ort-Geschäfte, gehen Sie doch einmal auf Erkundungstour!

Ein paar Onlineshops für Stoffe und Zubehör, bei denen sich ein Besuch eigentlich immer lohnt, sind diese:

www.alles-fuer-selbermacher.de

www.lillestoff.de

www.kleinerstern.de

www.farbenmix.de

www.linas-traumwerkstatt.de

www.dawanda.com/shop/teutoelfen

www.dawanda.com/shop/villa-stoff

www.bygraziela.com

www.stoffundstil.de

www.kunterbuntdesign.de

www.michas-stoffecke.de

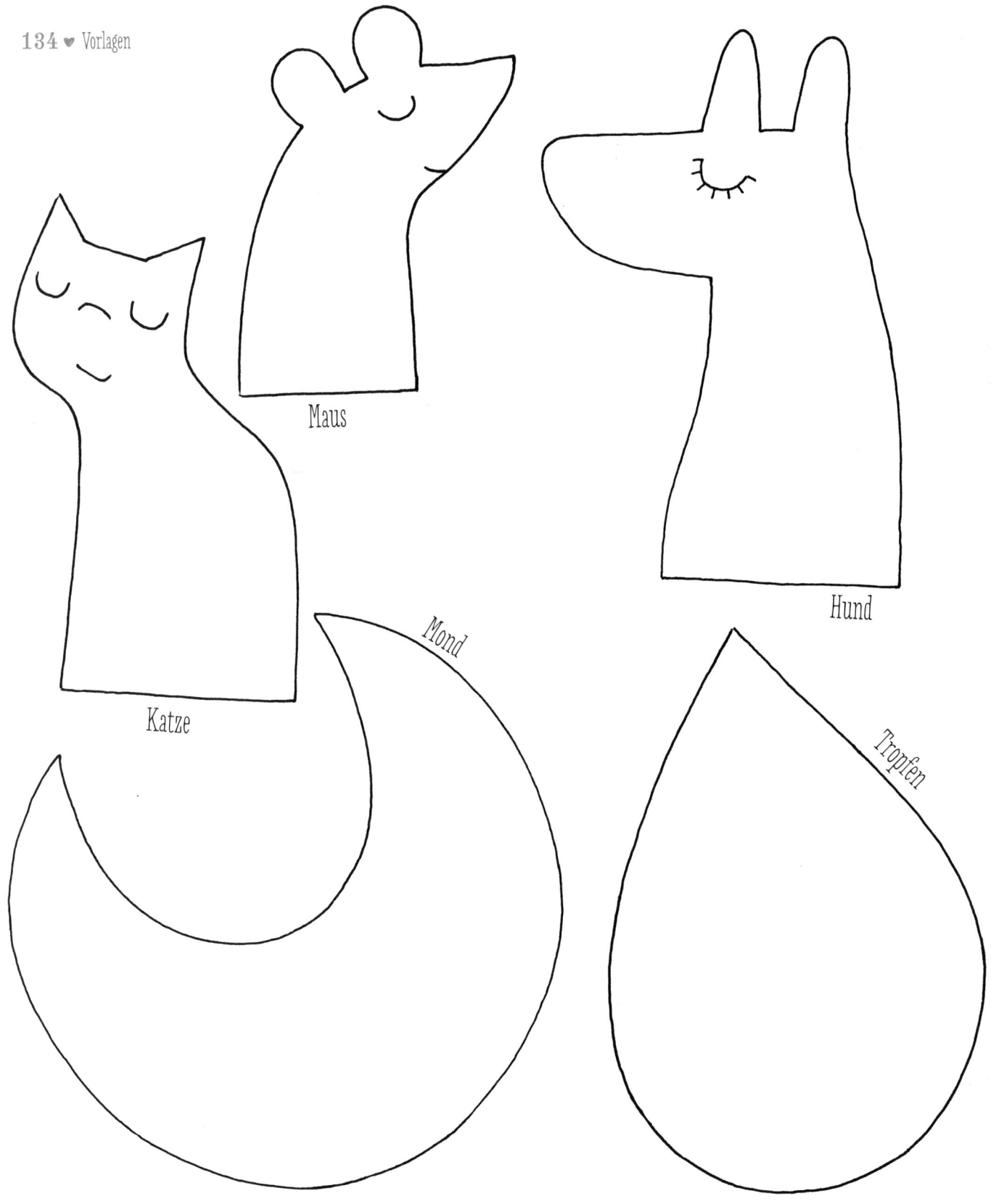

Maus

Hund

Katze

Mond

Tropfen

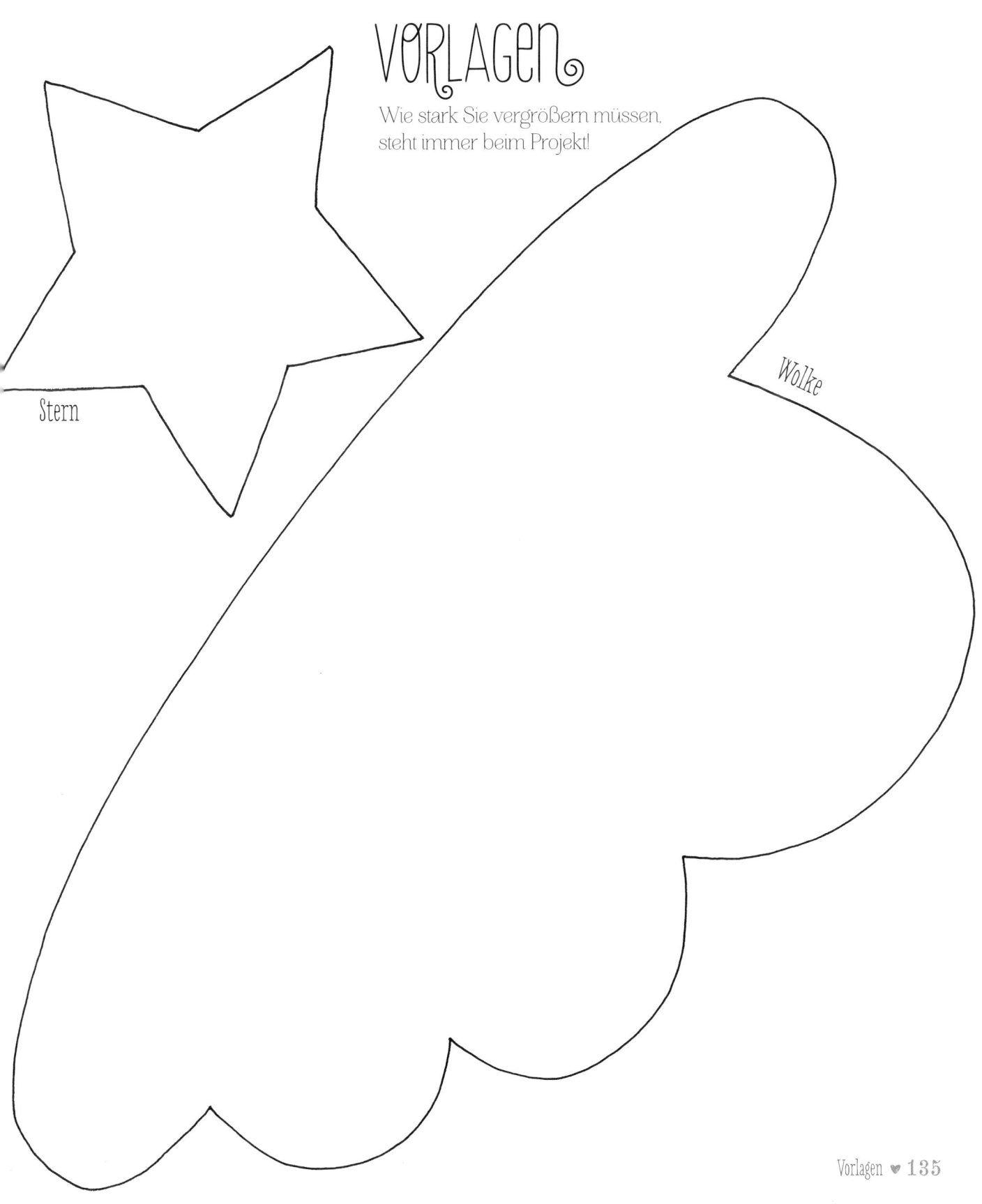

# VORLAGEN

Wie stark Sie vergrößern müssen,
steht immer beim Projekt!

Stern

Wolke

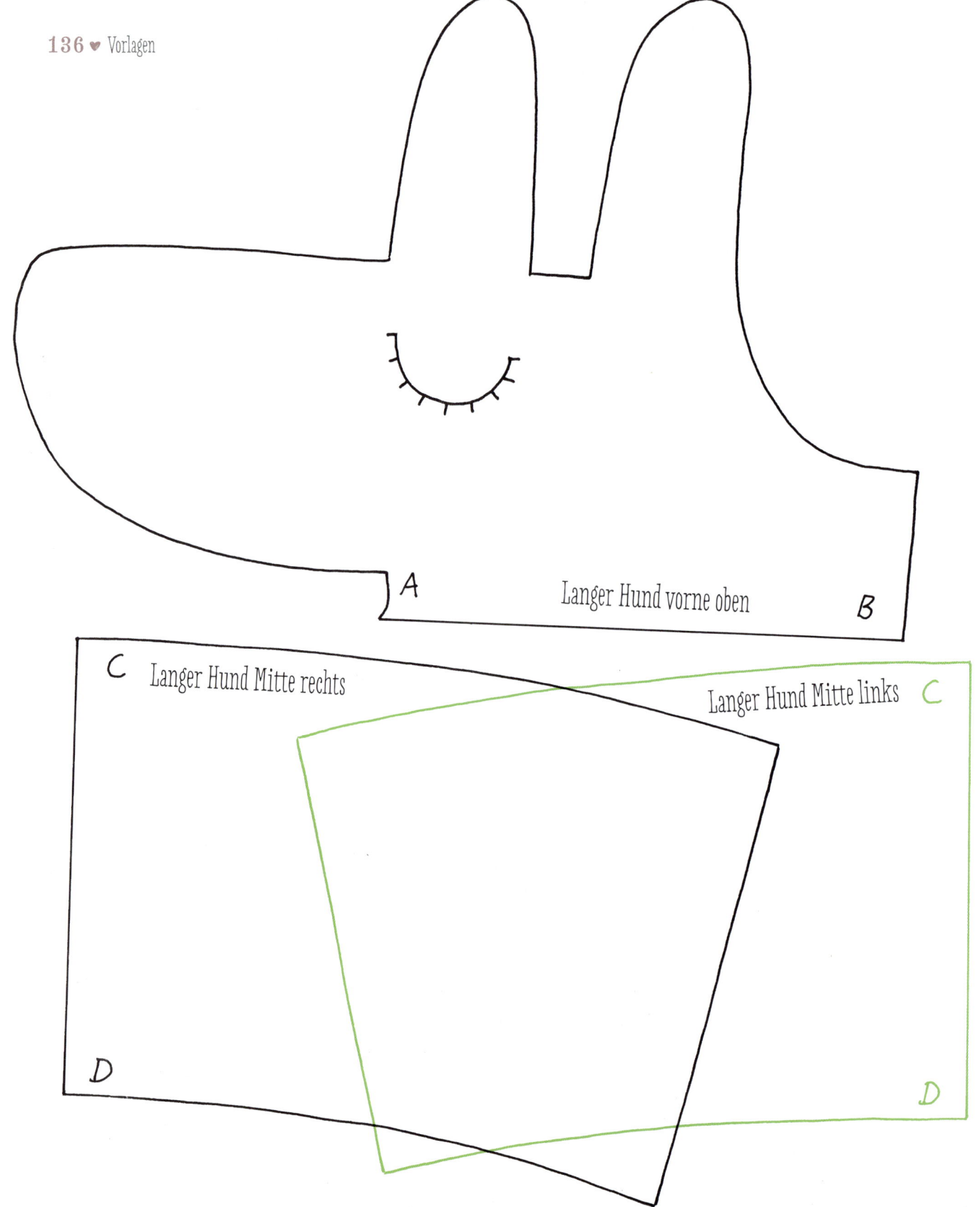

A

Langer Hund vorne oben

B

C Langer Hund Mitte rechts

Langer Hund Mitte links C

D

D

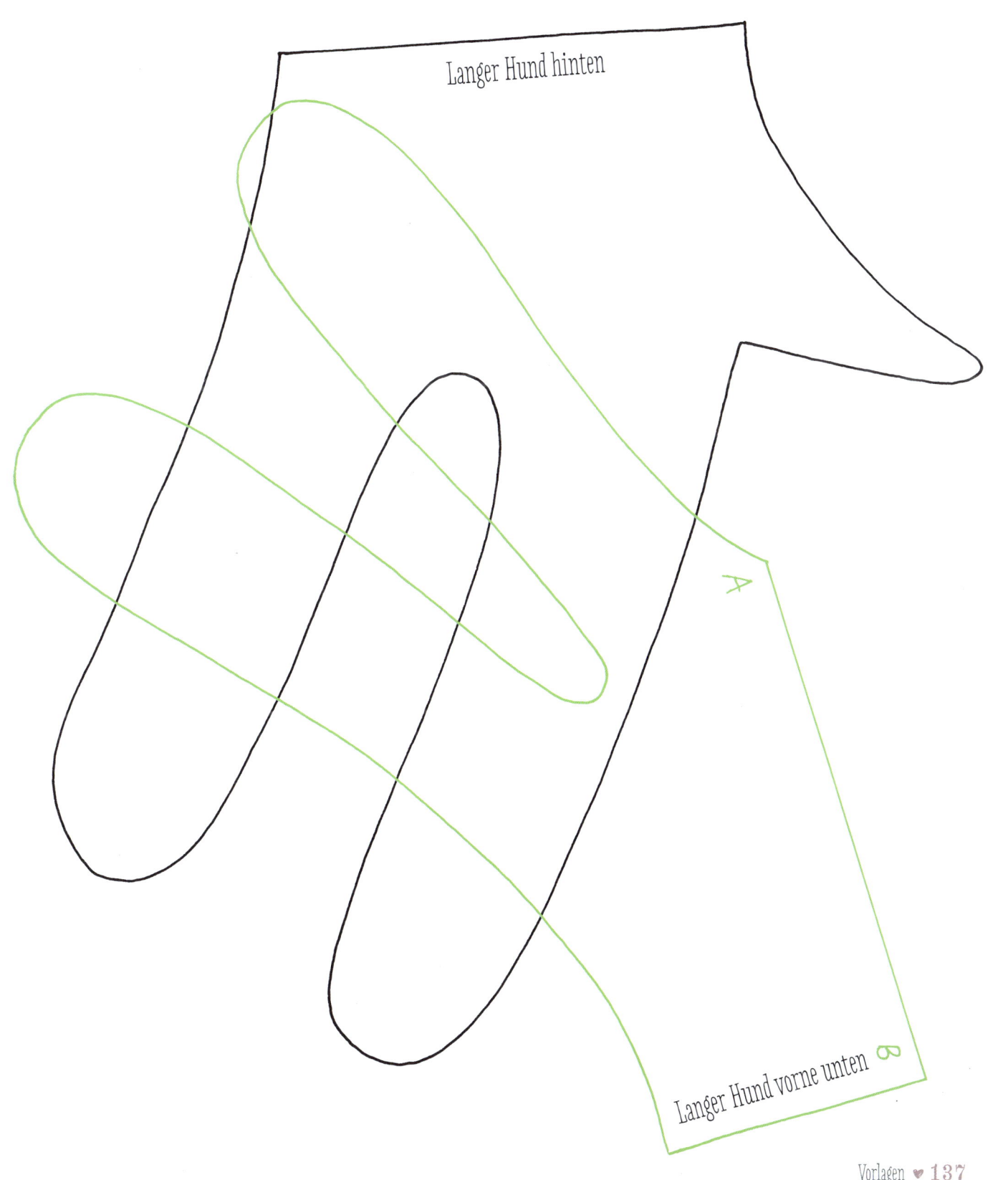

Langer Hund hinten

A

B

Langer Hund vorne unten

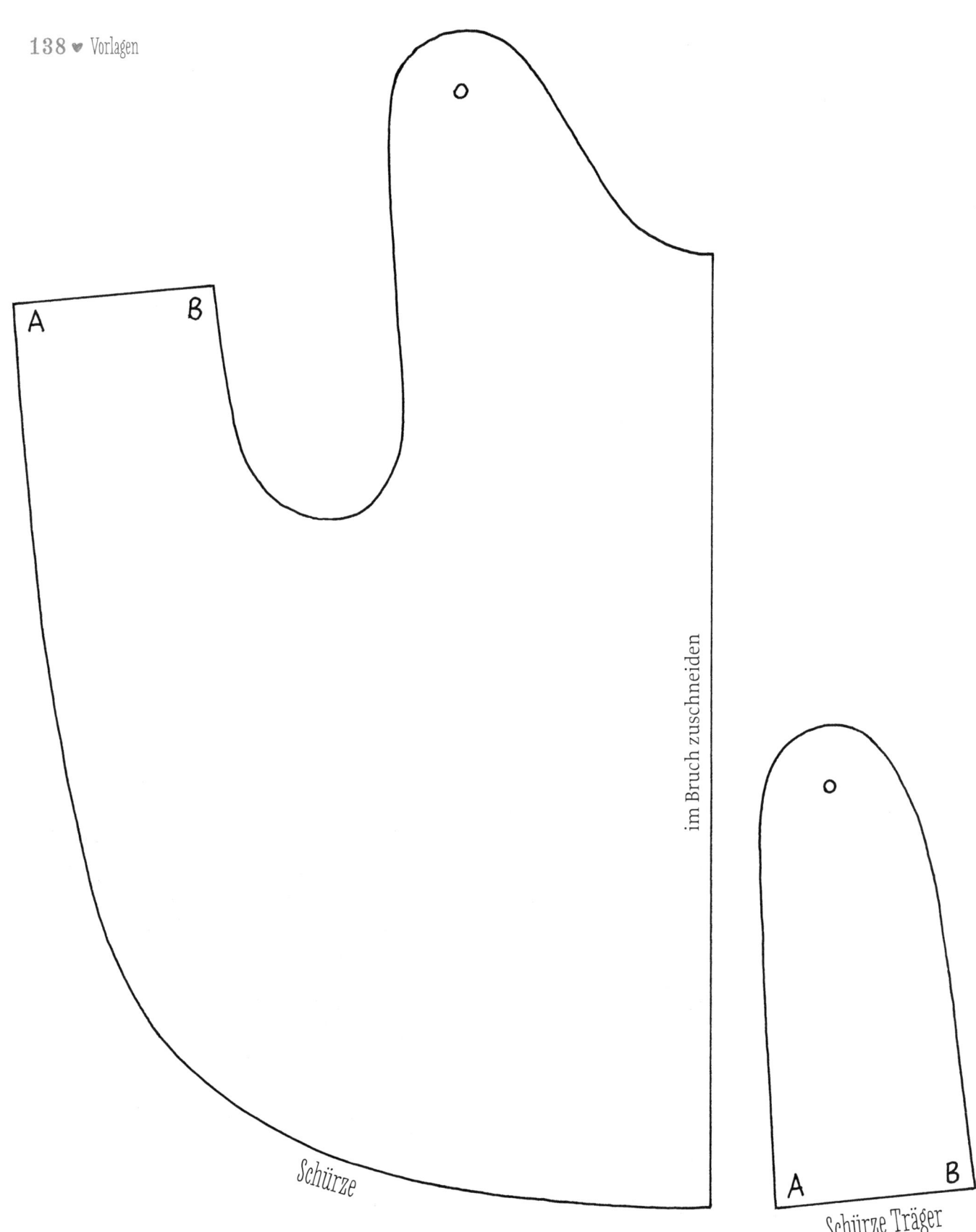

A B

im Bruch zuschneiden

o

Schürze

A B

Schürze Träger

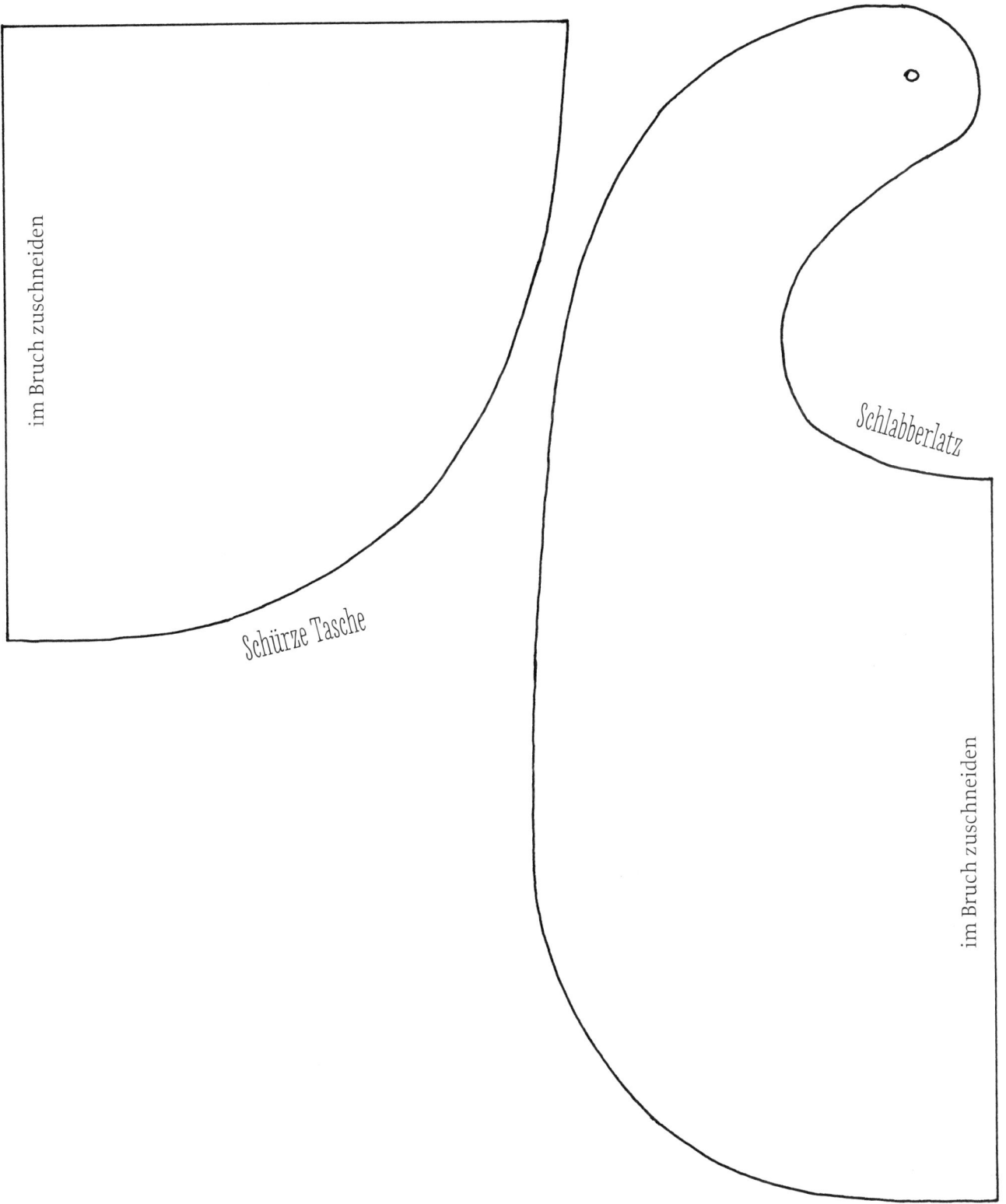

im Bruch zuschneiden

Schürze Tasche

Schlabberlatz

im Bruch zuschneiden

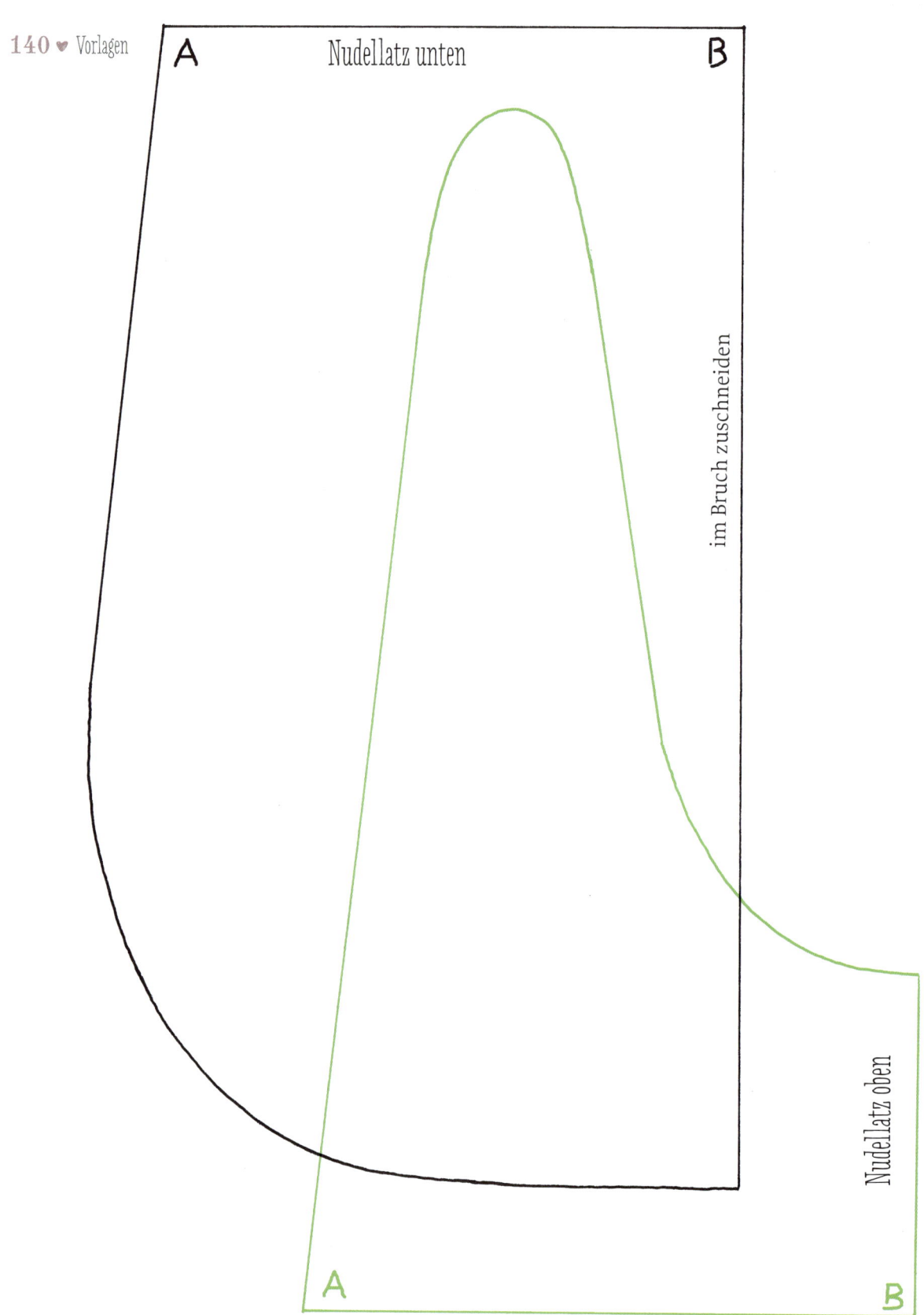

A

Nudellatz unten

B

im Bruch zuschneiden

Nudellatz oben

A

B

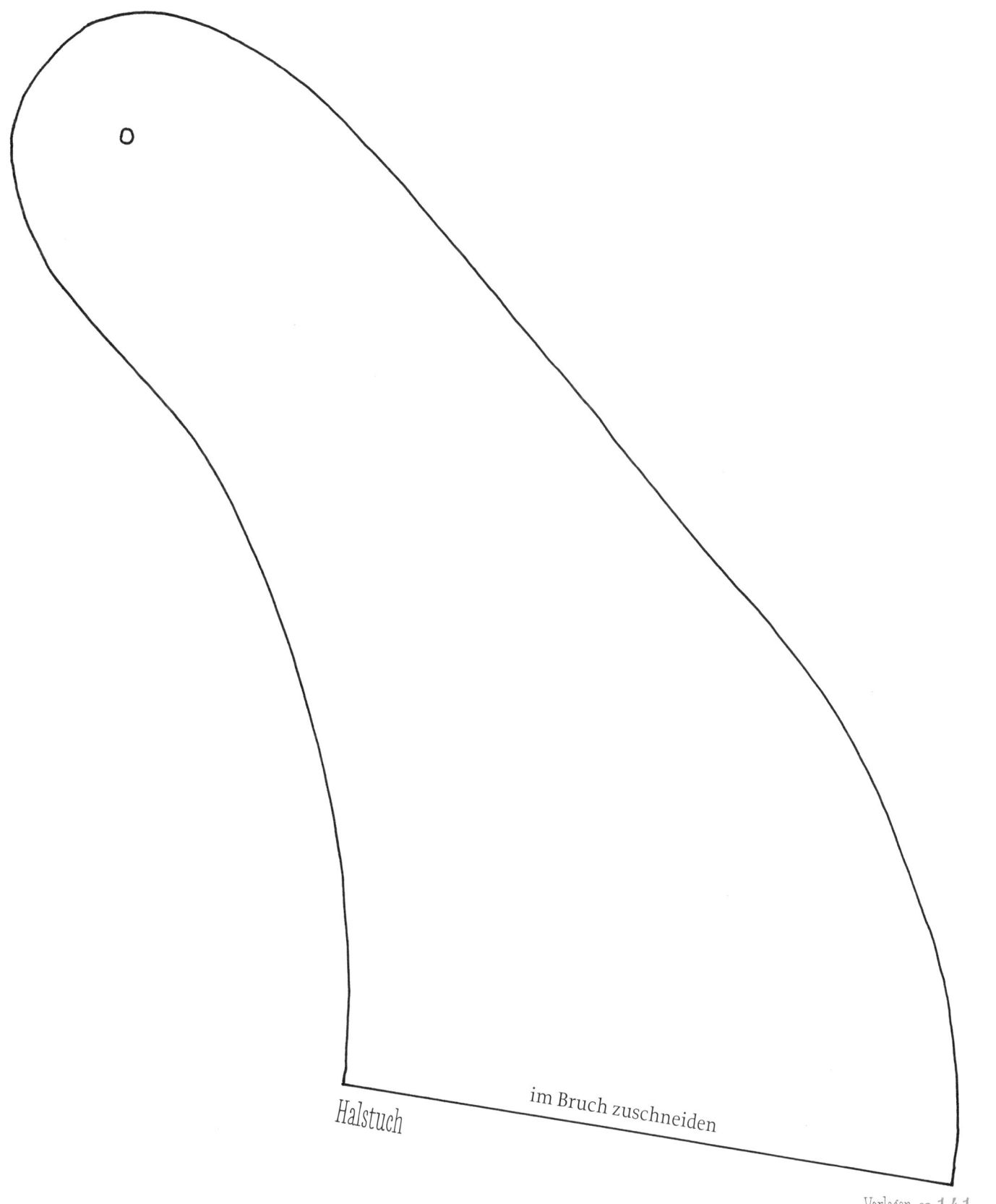

Halstuch

im Bruch zuschneiden

# ÜBER DIE AUTORIN

Susanne Bochem arbeitet seit ihrem Grafikdesign-Studium hauptsächlich als Illustratorin für deutsche Schulbuchverlage. Nach der Geburt ihres Sohnes gründete sie das Blog „SUSAlabim", wo sie ihre Liebe für Stoff und Illustration verbindet und in ihrem Shop liebevoll produzierte Herzensangelegenheiten verkauft.

www.susalabim.de

## Danke

... an Lutz, den Mann an meiner Seite, für die immerwährende Geduld und Unterstützung ... an Filip, meinen kleinen Mann, dem ich vor allem in der Schlussphase dieses Buchs viel zu oft „warte mal" sagen musste und der trotzdem immer ganz interessiert und stolz meine Sachen anschaut ... meinen Eltern, die immer an mich geglaubt und mir oft den Rücken freigehalten haben ... und an meine Schwägerin Silke, die sich die Zeit für die Kapitelfotos genommen hat, obwohl sie selbst so wahnsinnig viel zu tun hatte (danke, das war ein schönes Wochenende – deine Fotos machen das Buch lebendig!) ... an Bianca, das Fotomodell ... an meine lieben Blogleser, die sich über jeden noch so kleinen Hinweis gefreut und diesem Buch entgegengefiebert haben (Ihr seid mein Antrieb!) ... an Albrecht Rissler, meinen „Lehrmeister" (Du hast mich geprägt!) ... an Nadine von alles-fuer-selbermacher für das großzügige Materialsponsoring (und Pläne für die Zukunft) ...

## BUCHTIPPS

### Häkeln für Spielkinder
*30 lustige Mützen, Schals, Kleidungsstücke und Spielzeug*
144 Seiten, 19,90 €
ISBN: 978-3-86355-150-6

### Stempel ♥ Liebe
*Papeterie, Kleidung, Taschen und mehr – Zeichen setzen
mit originellen Stempelideen*
128 Seiten, 16,90 €
ISBN: 978-3-86355-131-5

### Lieblingsteile selber nähen
*30 entzückende, einfach zu realisierende Projekte*
156 Seiten, 22,90 €
ISBN: 978-3-86355-108-7

### Fingerabdruck, Punkt und Strich
*Zeichenspaß auf Fingerabdrücken*
80 Seiten, 9,90 €
ISBN: 978-3-86355-075-2

# IMPRESSUM

Bibliografische Information der Deutschen Bibliothek.

Die Deutsche Bibliothek verzeichnet diese Publikation in der deutschen Nationalbibliografie.

Detaillierte bibliografische Daten sind im Internet über http://www.d-nb.de abrufbar.

EIN BUCH DER EDITION MICHAEL FISCHER

2. Auflage 2013

Alle Rechte dieser Ausgabe bei © Edition Michael Fischer GmbH, Igling

Covergestaltung und Layout: Tim Anadere

Redaktion und Lektorat: Heike Fröhlich

Satz und Herstellung: Claudia Weyh

Illustrationen von Susanne Bochem

Bildnachweis:
Silke Weinsheimer: 10, 22, 36, 46, 66, 86, 112, 120, Cover
Prym Consumer Europe GmbH: 7
Susanne Bochem: alle anderen

ISBN: 978-3-86355-147-6

Printed in Slovakia

www.editionfischer.de